W0246489

PRAY TO THE EMPTY WELLS

МОЛИСЯ ПОРОЖНІМ КОЛОДЯЗЯМ

МОЛИСЯ
ПОРОЖНІМ КОЛОДЯЗЯМ

вірші · **Ірина Шувалова**

з української переклали **Олена Дженнінґз**

та авторка

Видавництво Лост Горс

Сендпойнт, Айдаго

PRAY
TO THE EMPTY WELLS

poems · Iryna Shuvalova

translated from the Ukrainian by Olena Jennings
and the author

LOST HORSE PRESS
Sandpoint, Idaho

Acknowledgments

Previous publications of poems have been featured in the following journals and anthology:

Loch Raven Review: "serpent," "you left / but the memory of you lives on"
Modern Poetry in Translation: "into the sweet orchard," "love fish"
New York Elegies (Academic Studies Press, 2019): "big fish new york"
St. John's College Poetry Pamphlet: "a small new year's elegy"
The Wolf: "homer's iron sky"

Series Editor: Grace Mahoney

Cover Art: Rain by Mikhailo Deyak
Iryna Shuvalova's Author Photo: Olga Zakrevska
Olena Jennings' Photo: Emily Mintz
Book Design: Christine Holbert

FIRST EDITION

This and other fine LOST HORSE PRESS titles may be viewed on our website at www.losthorsepress.org.

LIBRARY OF CONGRESS CATALOGING-IN-PUBLICATION DATA

Names: Shuvalova, Iryna, 1986- author. | Jennings, Olena, translator. | Mahoney, Grace, editor. | Shuvalova, Iryna, 1986- Poems. Selections. | Shuvalova, Iryna, 1986- Poems. Selections. English.
Title: Molysiá porozhnim kolodiáziám : virshi / Iryna Shuvalova ; z ukraïns'koï pereklaly Olena Dzhhenningz = Pray to the empty wells : poems / Iryna Shuvalova ; translated by Olena Jennings.
Other titles: Pray to the empty wells.
Description: First edition. | Sandpoint, Idaho : Lost Horse Press, [2019] | Series: Lost Horse press contemporary Ukrainian poetry series ; Volume 4 | Poems in Ukrainian and English on facing pages. | Summary: "Pray to the Empty Wells is a dual-language collection of poems by award-winning contemporary Ukrainian author Iryna Shuvalova. The 44 poems reflect the central section of Shuvalova's forthcoming book of Ukrainian-language poems of the same title. Shuvalova's writing is rich, corporeal, and metamorphic, as well as being deeply rooted in Ukraine's folk culture, re-mixing its traditional spirituality with pulsating eroticism and acute awareness of the natural environment"—Provided by publisher.
Identifiers: LCCN 2019029918 | ISBN 9780999199480 (trade paperback)
Subjects: LCSH: Shuvalova, Iryna, 1986—Translations into English.
Classification: LCC PG3950.29.H89 A2 2019 | DDC 891.7/914--dc23
LC record available at https://lccn.loc.gov/2019029918

LOST HORSE PRESS
CONTEMPORARY UKRAINIAN
POETRY SERIES
Volume Four

Зміст

Передмова: Відгомін у колодязі   іі
Примітка перекладача   viii

молися порожнім колодязям   2

хутро предків

сад   8
пам'ять   6
змія   10
пісня повноти   16
олень   20
риба любов   26
залізне гомерове небо   30
трава   34
драбина   40
чумацький місяць   42
відстань   46
в солодкий сад   52
вода   54
в домі вітру   58

контактна зона

genius loci   64
велика риба нью-йорк   96
розмови про війну і не тільки   104

глиняне серце

corazón   118
мала новорічна елегія   144

Table of Contents

Introduction: *Echoes in the Well* iii
Translator's Note ix

    pray to the empty wells 3

ancestors' fur

    garden 9
    memory 7
    serpent 11
    song of fullness 17
    a deer 21
    love fish 27
    homer's iron sky 31
    grass 35
    ladder 41
    the salt traders' moon 43
    distance 47
    into the sweet orchard 53
    water 55
    in the house of the wind 59

contact zone

    genius loci 65
    big fish new york 97
    conversations about war but not only 105

clay heart

    corazón 119
    a small new year's elegy 145

Передмова: Відгомін у колодязі

«Заходь поглибше, – припрошує нас перший вірш збірки, – віддай воді свої литки коліна і стегна». Так звучить запрошення здатися на милість природи, довірившись її мудрості. Цей акт капітуляції є тілесним і вимагає від нас зв'язку із чимось, що перебуває цілковито поза нами. Зрештою, цілком можливо, що такий зв'язок – це найважливіше, що ми маємо.

Молитва й поезія дарують нам можливість встановлення зв'язку. У своїй книзі Ірина Шувалова звертає свої молитви до ліричної повсякденності, до наших побутових забобонів, до природи і до стихії глибокого часу:

> *плач досхочу і молися*
> *богам старої комори*
> *богам горища і мишачої нори*
> *не виливай ночви поночі*
> *сиру картоплину розполовинь і закопай*
> *усе що було що буде чим серце вспокоїться –*
> *все твоє*

Хоча згори, над колодязем, «мох росте на цямрині», під трухлявими дошками Шувалова відкриває безмежний простір, куди ми можемо адресувати свої плачі, оповіді, пісні та молитви. Часом медитативні, а часом подібні на замовляння, вірші Шувалової переосмислюють Едемський міф і пропонують розглядати наше життя як частину природних циклів, які ми проживаємо згідно з ритмами природи та з уроками, які вона нам пропонує.

«Молися порожнім колодязям» – перший переклад поезій Ірини Шувалової англійською, опублікований

Introduction: Echoes in the Well

"Wade deeper," the first poem invites us, "give the water your calves knees and thighs." Here is an invitation to surrender to nature and its wisdom. Our surrender is bodily and demands that we connect with an entity beyond ourselves; connection, after all, may be all we have.

Prayer and poetry offer connection. In this collection, Iryna Shuvalova proposes prayer to the lyricism of the everyday, to our routine suspicions, to nature, and to the deep acumen of time:

> cry as much as you want and pray
> to the gods of the old pantry
> to the gods of the attic and the mouse hole
> don't empty wash basins in the dark
> halve a raw potato and bury it
> all that was all that will be all that calms the heart—
> it's all yours

Although from above "moss grows on the planks over the well," Shuvalova opens endless spaces below to which we may offer laments, stories, songs, and prayers. At times meditative and at others incantational, Shuvalova's poems reclaim Edenic mythologies and present a worldview of our lives caught in the eternal cycles of nature, where we live by its rhythms and the lessons it has to teach.

Pray to the Empty Wells is the first book-length translation of Shuvalova's poetry in English. Translated by Olena Jennings and the author from her forthcoming

окремою книгою. Його зробили Олена Дженнінґз і сама авторка з її наступної, наразі ще не виданої, поетичної збірки. Ці вірші посідають центральне місце в ліричному триптиху, з якого й складатиметься нова книга. Вміщені між першою частиною («Камінь) і заключною частиною («Ліс») – ці поезії подано в оригіналі під заголовком «Сад». У цій розлогій медитації про природу і пам'ять Шувалова просновує свій голос крізь місце і час. «Як сувій полотна [що] має кінець і початок», пам'ять слугує сполучною тканиною, яка єднає всіх. Пам'ять для поетки не тягар, а життєва сила: «густа як молоко» і розкішна, як передані у спадок хутра, що ними вкриваємо плечі. Хоча досить значну частину свого дорослого життя Ірина прожила за межами України, спогади про місця та голоси дому наснажують її поезію.

Шувалова, яка народилася в Києві, має справу з поетичним словом довше, ніж себе пам'ятає. Коли ще дитиною вона складала і розповідала вірші, їх за нею записувала мама. Тепер, коли Шувалова стала знаною поеткою і затятою мандрівницею, українська мова залишається її ліричною домівкою. Академічна та перекладацька робота співіснують для поетки із її літературною діяльністю і впливають на художнє письмо. Здобувши освіту з філософії та перекладу в Україні та ступінь магістра з порівняльного літературознавства у Дартмутському коледжі (США), Шувалова вступила до аспірантури зі славістики в Кембриджському університеті як стипендіатка програми Ґейтс Кембридж. Досліджувати голоси та ідентичності спільнот, що зазнали впливу війни на сході України, її спонукала важлива роль, яку в історії її родини відіграла усна оповідна традиція. На додачу до цього, Шувалова перекладає літературу між англійською, українською та

Ukrainian-language book, these poems occupy the central place in a lyrical triptych. Placed between the first part, *Stone* (*Kamin'*), and the final part *Forest* (*Lis*), these poems originally emerge from the section titled *Orchard* (*Sad*). In this long poetic meditation on nature and memory, Shuvalova threads voices across place and time. "Like a bolt of linen that has a beginning and end," memory functions as a connective substance that runs between us. Here, memory is not a burden, but a life force "thick as milk" and luxurious as the furs of family heirlooms that grace our shoulders. Having spent a significant portion of her adult life outside of Ukraine, memories of the spaces and voices of her homeland drive Shuvalova's poetry.

Born in Kyiv, Shuvalova has been a poet all her life. Her mother would write down the poems she composed and recited as a child. Now an award-winning poet and globetrotter, the Ukrainian language remains Shuvalova's lyrical home. Shuvalova's academic career and work as a translator have developed alongside her poetic practice and have informed her creative writing. Having received degrees in Philosophy and Translation in Ukraine and a master's degree in Comparative Literature from Dartmouth College, Shuvalova next pursued a PhD in Slavonic Studies at the University of Cambridge as a Gates Cambridge Fellow. Her dissertation research on voices and identities of communities affected by the current war in Ukraine's East, was inspired by the role of oral poetry and storytelling in her family history. Shuvalova also translates literature between English, Ukrainian, and Russian. Compelled by the way that poet Ted Hughes inhabits nature by giving a voice to it, one of her most significant translation projects has been

російською. Одним із її найвагоміших проектів став переклад поезії Теда Г'юза українською. На цю ініціативу її надихнуло те, як Г'юз обживає природний простір, аби ословити його зсередини. Хоча Шувалова й переключається між суміжними сферами академічної роботи, перекладу та красного письменства, писана українською поезія залишається її ключовим способом самовираження.

Коли ми говоримо про молитви, нам ідеться про їхнє (с) прийняття, про дослухання: «Сподіваюся, твої молитви буде почуто» чи «Нехай буде почуто твої молитви». Значною мірою, завдання перекладача – це саме дослухатись і відгукуватись, хай навіть іншомовним відгомоном. У цій книзі авторка та перекладачка, незважаючи на відмінності мов, голосів та географічних локацій, пропонують нам вірші, що долають неосяжні відстані – і так пов'язують нас.

Ґрейс Магоні
Редакторка серії

rendering Hughes's poetry in Ukrainian. Even though Shuvalova moves between the spheres of academia, translation, and creative writing, Ukrainian-language poetry remains the locus of her expression.

When we speak of offering prayers, we speak of reception, of listening: "I hope your prayers are heard" or "I hope your prayers are answered." In many ways, the task of translating is the task of listening and answering, if only in the echo of another language. In this collection, the author and translator have worked together between languages, voices, and spaces to produce poems that reach across vast distances and connect us.

Grace Mahoney
Series Editor

Примітка перекладача

Задля створення цих перекладів ми з Іриною працювали разом: і як двоє поетів, і як двоє перекладачів. Під час спільної роботи над збіркою «Молися порожнім колодязям» я ставила собі за мету пережити ті емоції, що їх Ірина, напевно, відчувала, пишучи ці вірші. Я уявляла, що пишу їх сама, прагнучи відшукати дотичні джерела натхнення. Часом це було непросто, адже в Ірининій поезії чимало країв, де я ніколи не бувала в реальному житті, як-от заміська Англія, атмосферу якої вона відтворює у вірші в прозі про свій досвід життя у Кембриджі. В перекладі ці локації виходять за межі реальності й переходять у світ уявного, переростаючи звичну географію.

На першому етапі нашої роботи над перекладами я створювала свою початкову версію текстів, Ірина ж підключалася на наступній стадії, аби переконатися, що переклади відповідають її баченню і відображають усі нюанси україномовного варіанту. Сподіваюся, що завдяки цьому процесові вона мала нагоду подивитися на власні поезії під новим кутом. Під час нашої роботи мене особливо вразило те, з якою точністю Ірина здійснює свою скульптурну обробку мови. Значення, що їх вона вкладає в текст, є точними, й ніколи не розмиваються. Подекуди це ускладнювало мою перекладацьку працю і я почувалася дещо обмеженою цими відлуннями української мови. Хоча збірку написано здебільшого верлібром, я працювала над збереженням ритмів оригінальних поезій, де сенси нерідко творяться через повтори. Приміром, у першому вірші книги, що й дав їй свою назву, структура допомагає відтворити поетику народної казки.

Translator's Note

To CREATE THESE TRANSLATIONS Iryna Shuvalova and I collaborated together both as two poets and two translators. In working together to translate *Pray to the Empty Wells*, I attempted to feel the emotion in the poems that Iryna herself must have felt when writing them. I imagined I was writing them, trying to capture similar points of inspiration. Sometimes this was a difficult task, since there were many lands in Iryna's poems that I had never experienced in real life, such as the atmosphere of the English countryside she creates in her prose poem by sketching life in Cambridge. In translation, these physical locations are stretched beyond their realities and into the imagination; they are magnified into something beyond geography.

The first stage in our translation process is my initial translation. During the second stage the poet clarifies her intentions and the nuances of the Ukrainian language. It is my hope that the translations cause her to think about her own poems differently. Throughout the process, I was impressed by Shuvalova's careful sculpting of language. For her, meanings are exact and never fluid. This sometimes made translation challenging, as I found myself confined by the echoes of the Ukrainian language. Though this collection was written largely in free verse, I tried to keep to rhythms created by the repetition that establishes meaning. For example in the first poem, "Pray to the Empty Wells," the structure draws a fairytale-like picture.

sama будь як вода будь як голка
увійди в одне вухо смерті а з іншого
вийдеш царівною
кобиляча голова кобиляча голова
болотна богиня

Три розділи, на які поділяється книжка, – «Хутро пред-
ків», «Контактна зона» та «Глиняне серце» – також
витворюють певну структуру, що веде читача збіркою. У
«Хутрі предків» Ірина дослухається до голосів із минуло-
го її родини. В «Контактній зоні» вона працює з темами
війни та насильства. У «Глиняному серці» йдеться про
речі глибоко особисті. А поєднує між собою ці частини
тема пам'яті: «ти пішов / а пам'ять про тебе ще й досі
живе».

Як ці вірші, так і перебіг їх перекладу тісно пов'язані з
процесами перетворення та взаємозв'язку. Мова пере-
кладу частково видозмінюється під впливом мови оригі-
налу. Душа в поезіях теж здатна до самозміни. У цей
процес втручається й тіло, як у вірші, де гачок проштри-
кує риб'ячу губу. Наприкінці збірки один із органів тіла
– серце – піддають процесові карколомних трансформа-
цій. Його демонструють на рукаві, ховають у сірниковій
коробці, обмотують навколо тіла, як бинт, носять під
шкірою, наче скабку. Так само глибоко проникає у тіло й
поетичне слово, спонукаючи його рухатися в такт із
порухами природного світу.

Я сподіваюся, що наша співпраця над перекладами цих
віршів дозволить читачам побачити їх одночасно у двох
різних перспективах. Ірина пише: «[Це] так наче [я]
хочу щось сказати / але натомість – / просто дихаю.» Ці
вірші – Іринине дихання. А опісля – вони стають моїм
власним. Наші подихи переплітаються й наповнюють
порожні колодязі, відбиваючися від їхніх стін нескін-
ченною луною.

Олена Дженнінґз

x

be like water be like a needle
go into death's ear and out the other
you'll emerge a princess
mare's head mare's head
the goddess of the bog

The sections "Ancestors' Fur," "Contact Zone," and "Clay Heart" also provide a structure that guides the reader's understanding. In "Ancestors' Fur," the poet listens to the voices in her family's past. In "Contact Zone," she ponders questions of war and violence. In "Clay Heart," Shuvalova delves into the personal. The collection can be envisioned as connected through memory, "you left / but the memory of you lives on."

Both the poems and the process of translation are about transformation and connection. The target language is slightly transformed by the source language. The soul is also capable of transformation within the poems. The body intrudes, as in one poem when a hook pierces a fish's lip. Later in the collection, part of the body—the heart—is sent though acrobatics as it takes on various forms. The heart is on a sleeve, in a matchbox, wrapped around the body as a bandage, and lodged beneath the skin like a splinter. The words also lodge themselves in the body and move it to act along with nature.

I hope that our collaborative process in the translation of these poems will enable readers to see the poems from dual points of view. Shuvalova writes, "[It's] as if [I'm] about to say something, / but instead– / I just breathe." These poems are Iryna's breath. Then they become my breath. Our breath connects and fills the empty wells, unleashing boundless echoes.

Olena Jennings

Regarde, diras-tu, cette pierre:
Elle porte la présence de la mort.
Lampe secrète c'est elle qui brûte sous nos gestes,
Ainsi marchons-nous éclairés

— *Yves Bonnefoy*

. . . мы не имеем веса
и открываем двери ворам и травам.

— *Ekaterina Boyarskikh*

Animals pull the night around their shoulders.

— *Nick Cave*

молися порожнім колодязям

молися порожнім колодязям хвилерізам яблуневим садам
нанизуй на нитки гірку горобину
горобину солодку
носи на плечах розкішне хутро предків
плач прикидайся травою будь як вихід і вхід будь як вода
в одне вухо влітай а з іншого

місяць викочується глиняним полумиском
виходить із моря велика риба левіафан
покажи покажи що у тебе в нутрі
молися великому світлу
півнику на вершечку стовпа
сліпому камінню і крижаній воді

сама будь як вода будь як голка
увійди в одне вухо смерті а з іншого
вийдеш царівною
кобиляча голова кобиляча голова
болотна богиня

скляними намистинами сліпує темний день
найменший син року на одне око кривий
сіється мжичка

у хащах бузини три круки
а в подолі ріки три дівки
а на палі дороги три веселих друга
перший вояк а другий пияк а третій так ніхто

pray to the empty wells

pray to the empty wells to the breakwaters to the apple orchards
string together bitter ash berries
sweet ash berries
carry the luxurious fur of your ancestors on your shoulders
cry pretend to be grass be like an entrance and an exit be like water
go in one ear and out the other

the moon rolls out like a clay platter
a big fish a leviathan comes from the sea
show me show me what you have inside you
pray to the great light
to the rooster perched on a post
to the blind stone and ice-cold water

be like water be like a needle
go into death's ear and out the other
you'll emerge a princess
mare's head mare's head
the goddess of the bog

the dark day blindly blinks its eyes like glass beads
the year's youngest son is crossed-eyed in one eye
drizzle falls

in the elderberry brush are three ravens
and at the bottom of the river three girls
and on the road three happy friends
the first is a punk the second a drunk and the third just a nobody

стежкою в очерети бреде глиняне серце постукує
тяжко дише холодне плесо
дрібно вишиває небом ніч
заходь поглибше
віддай воді свої литки коліна і стегна
стань горобцем під задощеним дахом
стань кулею що летить осідлавши
        страшний вогненний вітер
стань пасмом волосся розтріпайся виборсайся з коси

знай імена трав
любисток руту ромен
носи бублика в кишені
плач досхочу і молися
богам старої комори
богам горища і мишачої нори
не виливай ночви поночі
сиру картоплину розполовинь і закопай
усе що було що буде чим серце вспокоїться –
все твоє

королівська птаха одуд дивиться на тебе терновим
круглим як серпень оком
мох росте на цямрині
скільки світу не є —
весь твій

півтора наперстка дощу
неозорі пасовиська небес

the clay heart wanders down a path through reeds beats
the cold river gasps for breath
the night embroiders the sky in small stitches

wade deeper
give the water your calves knees and thighs
become a sparrow beneath a rain-soaked roof
become a bullet that rides the frightening fiery wind
become a lock of hair get loose untangle yourself from the braid

know the names of herbs
lovage fern chamomile
carry a bagel in your pocket
cry as much as you want and pray
to the gods of the old pantry
to the gods of the attic and the mouse hole
don't empty wash basins in the dark
halve a raw potato and bury it
all that was all that will be all that calms the heart–
it's all yours

a royal bird hoopoe looks at you with an eye
dark as blackthorn round like august
moss grows on the planks over the well
as much of the world as there is —
it's all yours

a thimble and a half of rain
an endless pasture of heavens

хутро предків

ancestors' fur

сад

спи, озеро смутку
спи, сторожко дощу
спи

важкий гладіолус вечора
лягає на стежку вологою щокою

в домі ще світиться
в домі
хтось торкає рукою фіранку
хтось крізь плутані сузір'я крапель
дивиться в сад

стежкою між дерев
не торкаючись росистої трави
пливуть довгі місячні човни
веслярі з терновими очима
збивають із дзвоників шапки

хмари волочать над садом важкі животи
вивільняючи з-під них
непевні світла ночі
пригорщі блідих зірок

дивись ось сузір'я ворона
воно віщує
вітряну зиму урожайний рік
коротку пісню перед світанком ув імлі
зібгану постіль

garden

sleep, lake of sorrow
sleep, guardian of rain
sleep

evening, a heavy gladiolus
rests its moist cheek against the path

in the house there are still lights on
in the house
someone parts the curtain
someone looks into the garden
through the tangled constellations of drops

taking the path through the trees
without touching the dewy grass
the moon's long boats sail
rowers with eyes dark as blackthorn
knock caps off blue bells

clouds drag heavy bellies above the garden
revealing from underneath
uncertain night lights
a handful of pale stars

look here is the raven constellation
that foretells
a windy winter a fruitful year
a short song before dawn in the fog
rumpled bedsheets

шепіт трави
під ногами невидимих звірів
веде тебе в самісіньке нутро ночі
в оксамитову кротячу нору
в смородинові хащі
в чорнильну піну
сплячих дзеркал

мій мовчазний провідник
струшує краплі зі срібного хутра
тримає мене за руку
мовчки іде
мовчки іду і я

сад розступається
як юрба що затамувала подих
і знову змикається за нами

the whisper of the grass
beneath the paws of invisible animals
leads you into the very depths of night
into the velvet mole's hole
into the currant bushes
into the black ink foam
of sleeping mirrors

my silent guide
shakes drops from his silver fur
holds my hand
walks silently
I walk silently too

the garden parts before us
like the crowd that holds its breath
and closes again behind us

пам'ять

дим невидимих пожарищ
розвішано між дерев
між будинків
як простирадла
вони обліплюють обличчя
коли підходиш надто близько

важко дихаючи крізь вологу цупку тканину
заплющивши очі
ти відчуваєш як потойбіч
хтось прикладає долоні до твоїх долонь
до твоїх вуст – свої вуста

пам'ять
густа як молоко
пливе між будинків

за шибою – як за вікном батискафа –
тіні сновигають затопленим містом
дно океана
чужий негостинний край
мовчки підходять до вікна великі риби
мовчки підходять байдужі потопельники
не впізнають

їхні сліпі глибоководні очі
білі як молоко пам'яті

у товщі води
дихай сліпе кошеня
пливи маленький пуголовку
зринай бульбашко повна вчорашнього золотого світла

memory

the smoke of invisible fires
hangs between the trees
between the buildings
like bed sheets left to dry
they stick to your face
when you come too close

breathing hard through the moist thick fabric
you close your eyes
you feel how from the other side
someone puts their palms against your palms
and to your lips, their lips

memory
thick as milk
flows between houses

behind glass as through a submarine's porthole
shadows hustle through the flooded city
the bottom of the ocean
is a strange unwelcoming world
silently large fish come to the windows
silently drowned ones approach
indifferent they don't recognize you

their blind deep-water eyes
white like the milk of memory

in the water's depth
breathe blind kitten

плинь батискафе
співай сирено
тоскно стогни пароплаве
рибо виходь із води

виходь із води спинайся на ноги
бери гвинтівку до рук

обертайся світе – але крадькома через плече

нехай господь благословить
наші сумні земні дороги
наші самотні морські шляхи
наші довгі повітряні естакади
наші підземні тунелі повні густого гіркого повітря
наші вежі змуровані з вітру
наші кістки з вапняку і мармуру
наши бузинові легені
наші яблуневі сади

господь благословить
великі яблука наших очей
що їх заплющуємо – уздрівши дими невидимих
пожарищ
що їх заплющуємо – припавши лицем до сліпої шиби
що їх заплющуємо – втонувши в білому молоці
що їх заплющуємо
що їх – заплющуємо

swim little tadpole
emerge a bubble full of yesterday's golden light
dive submarine
sing siren
sadly sigh steamship
fish walk out of the water

walk out of the water get on your feet
take the rifle in your hands

look back world–stealthily over your shoulder

god bless
our sorrowful earthly roads
our lonely sea paths
our long airways
our underground tunnels filled with thick bitter air
our towers built of wind
our bones of limestone and marble
our elderberry lungs
our apple orchards

god bless
the large apples of our eyes
when we close them–seeing the smoke of invisible fires
when we close them–pressing our faces to the blind glass
when we close them–drowning in white milk
when we close them
when we–close them

змія

повітря півдня липке і солоне
немов уперше вимовлене вголос ім'я жінки
що живе
на околиці міста у царстві трави

гордо ходить буйнорослими
хащами літа, немов змія
і як змія загрозливо підбирається
якщо перейти їй дорогу з ножем
за пазухою
або з повними кишенями
дикого бджолиного меду

як і кожна змія
має сім хвостів
олов'яне серце
спроможність перекидатися на камінь
і співати так що птахи
замертво падатимуть на землю
з високої руїни повітря
наче це вітер
листя раптово зірвав
з огрому небесних дерев

не жди її
задушливого вечора
на стежці охопленій
чорним вогнем бузини
не жди її у високій глухій кропиві
під склепінням глоду
у лісі трави

serpent

the air of the south is sticky and salty
like the first time when you say out loud
the name of the woman
who lives at the outskirts of the city in the kingdom of grass

she moves proudly through the wild
thickets of summer like a serpent
and like a serpent tenses, threatening,
if you cross her path with a knife
hidden beneath your shirt
or with pockets full
of a wild bee's honey

like every serpent
she has seven tails
a tin heart
the ability to turn into stone
and to sing causing birds
to drop dead to the ground
from the high ruin of the air
as if the wind
suddenly tore leaves
from the multitude of the trees of heaven

don't wait for her
in the humid evening
on the path aflame
with the black fire of elderberries
don't wait for her in the tall silent nettles
beneath the vault of hawthorn
in the forest of grass

адже вона — змія
ім'я у неї складається
з суцільних приголосних
сухих як лисячі хвостики ковили
жалючих
як сердиті маленькі мурахи

вона не має душі. замість неї
носить у рукаві
червону шовкову стрічку
нічних птахів годує насінням дощу
взимку під ліхтарями
старанно збирає клапті позолоти
що осипається з їхніх печальних сердець

гарячу монету місяця тримає під язиком
наче силуване зізнання
вимушену відмову
чи мовчазний потаємний
плач за великою любов'ю

увіходячи в дім її — перехрестися
забий цвях ув одвірок
поцілуй коли ніхто не бачить рукав її тіні
солі насип у її сліди

коли лягатимеш із нею в ліжко
пам'ятай

що липа квітне о тій порі
коли відходить бузок — а раніше ніколи
що здалеку обриси деяких гір
нагадують спини волів або жіночі груди
що птаха гійон плаче людським голосом
    і боїться звуку сурми

for she is a serpent
her name is composed
solely of consonants
dry like the fox tails of needle grass
stinging
like angry little ants

she doesn't have a soul. instead she
carries a red silk ribbon
in her sleeve
she feeds the night birds seeds of rain
in the winter beneath street lamps
carefully she gathers the gilded shreds
that peel off their sad hearts

she keeps the hot coin of the moon beneath her tongue
like a forced confession
a reluctant rejection
or a silent secret lament

entering her home—cross yourself
hammer a nail into the door frame
kiss when no one sees the sleeve of her shadow
sprinkle salt on her footprints

when you lie in bed with her
remember

that the lime trees will blossom in the season
when the lilac is gone—no sooner
that from afar certain mountains resemble
the backs of bulls or a woman's breasts

що зірка на ім'я «вершник» тримає
в руках обірвану вуздечку
і дзвоники планет на ній
срібно дзвенять дзвенять

коли її густе повільне тепло
розступиться перед тобою немов
океан трави
затям собі раз і назавжди

що ти не знаєш нічого
але пізнавши її — ти пізнаєш усе

і звідки ж я знаю леле
що ти робитимеш потому
як собі даватимеш раду
як спроможешся
втримати над головою
ці темні води
ці срібноцвітні небеса

that a bird hiyon cries like a human but flees the sound
        of the trumpet
that the star called *rider* holds
in its hands a torn bridle
with the bells of the planets on it
silver they ring they ring

when her thick slow warmth
opens up in front of you
like an ocean of grass
understand once and for all

that you don't know anything
but in knowing her—you'll know it all

and how do I know oh my
what you will do afterwards
how will you cope
how will you manage
to keep carrying above your head
these dark waters
these silvery skies

пісня повноти

повні вітру вени нічних дерев
повний метеликів плафон від лампи
ніч повна безсонних трамвайних світел
повний місяць
повне місячне затемнення

повна вогню ріка
пісня повна великих важких як риби слів
повне дощу мовчання і повний мовчання дощ

двері повні вулиці
твоє стояння в дверях повне вчорашніми днями
дні повні мостами
а мости — заторами тромбами порталами в потойбіччя міста

потойбіччя міста повне мертвих машин

машини повні самотності
ти стоїш спиною до мене і не бачиш
як я розсипаюся наче порване намисто
як мокра спідниця б'є мене по ногах
вітер наносить із саду листя й дрібні галузки
ти стоїш і не бачиш
що summer's almost gone

твоя сліпота повна прозорого світла
твоя сліпота коханий
твоя сліпота сліпа

summer's almost gone
вікно повне невидимих гостей
долоня повна недотикання

song of fullness

veins of night trees full of wind
a lamp shade full of moths attracted to light
night full of sleepless tramway lights
a full moon
a total lunar eclipse

river full of fire
song full of words large and heavy as fish
silence full of rain and the rain full of silence

doors full of the street
your silhouette in the doorway full of yesterdays
days full of bridges
and the bridges portals to the city's other world full of
    congested clots

the other world of the city full of dead cars

cars full of loneliness
you stand with your back to me without noticing
how I fall apart like a broken necklace
how my wet skirt hits my thighs
the wind carries leaves and small branches from the garden
you stand and don't notice
that *summer's almost gone yeah*

your blindness full of transparent light
your blindness my beloved
your blindness is blind

дощ повний чужих голосів
радіоприймачі — мовчання
кухні — білого спокою
лікарні — життя і смерті
дороги — покірних комах і машин

дороги повні покірних комах і машин
тим часом усі машини повні богом
бог повний людьми
а люди — повні вітру
як повні вітру вікна вогні лікарні
дощ час мовчання
чийсь голос у пітьмі
дитячий кашель

як повні вітру
вени нічних дерев

summer's almost gone
the window full of invisible guests
a palm full of lost touch
rain full of unfamiliar voices
radio broadcasts–of silence
kitchens—of white peace
hospitals—of life and death
roads—of obedient insects and cars

roads full of obedient insects and cars
meanwhile the cars are full of god
god is full of people
and people are full of wind
the way windows hospital lights
rain time silence are full of wind
someone's voice in the darkness
a child's cough

like veins of night trees
full of wind

олень

двоє круків
вбрані в вечірній дощ
проводжають тебе чорнильними
довгими поглядами
там де дорога вихлюпується на міст і далі
розтікається тонкими ручаями стежок
у високий буйний бур'ян

хто гукає тебе
невидимий
поміж присмеркових дерев
хто м'якою нетремною рукою
висмикнув тебе з вечірньої дрімоти
вивів із одвічного дому
у мокрі хащі трави
у мовчання птахів
у мерехтіння непевного світла
між струнких сірих стовбурів

хто дав тобі цей голос
такий новий і великий
що горло твоє гуде
як вулик повний медоносних бджіл
а з рота — анітелень

хто дав тобі
цю велику необориму тугу
в'язку і непевну на смак
як стигла бузина
іржаву як залізо
на дні колодязя

a deer

two ravens
dressed in evening rain
follow you with long
inky glances
to where a road spills over onto a bridge and then
divides into the paths' thin rivulets
in the tall dense weeds

who is calling you
invisible
among the twilight trees
who with a soft steady hand
woke you from your evening slumber
led you from your eternal home
into the wet thickets of grass
into the silence of the birds
into the flickering of uncertain light
between the slender gray tree trunks

who gave you this voice
so large and new
so that your throat vibrates with it
like a hive full of honey bees
but from your mouth comes silence

who gave you
this great unconquerable sadness
with an uncertain and viscous taste
like ripe elderberries
rusty like iron
at the bottom of a well

хто дав тобі тебе
суху як жмуток деревію
тремтливу мов металевий язик дримби
просту як горіх

хто гукає тебе невидимий
смикає тебе ззаду за рукав
озирнешся — а там нікого

хто тримає тобі драбину
щоби не розсипала
повну пелену себе
на холодну долівку

щоби діждала
павучої осені
картопляної зими
а там і хмарного морквяного літа

хто стоїть
супроти тебе
на тому березі
там
під дощем
між дерев

слово зривається з вуст твоїх
наче ягода
темне важке
слово-майже-ім'я

той хто великий як олень
пильнує тебе з гущавини
відповідає

who gave you yourself
a thing dry like a bunch of yarrow
trembling like a jaw harp's metal tongue
simple as a nut

who is calling you—invisible
pulling you from behind by the sleeve
you turn around—but no one is there

who holds the ladder for you
so that you won't spill
an apron full of yourself
onto the cold floor

so that you'll live to see
the spidery autumn
the potato winter
and finally the cloudy carrot summer

who is standing
across from you
on that bank
there
under the rain
among the trees

a word drops from your lips
like a berry
dark heavy
a word almost a name

самими кінчиками вух
глухим серцебиттям
свого хороброго пильного серця
чорничним сум'яттям погляду

раптом
з тріском і хрустом
він провалюється в безодню лісу

нестримно
як сльоза зі сліпого великого ока
ти котишся слідом

someone large like a deer
watches you from the thickets
answers
with the very points of its ears
with the muted thud
of its bold watchful heart
with its tumultuous blueberry gaze

suddenly
with a crack and crunch
it breaks into the depths of the forest

uncontrollably
like a tear from a large blind eye
you roll in pursuit

риба любов

риба любов
живе у великому тілі ріки
ходить у ньому як маятник
вперед і назад і по колу
припнута до осі серця

вона терпляче мандрує
від коріння води
до її розлогої крони
ходить дорогами що на них
жодного сліду – тільки твій

риба любов співає
жаб'ячими вустами
мурашиним голосом
ах яка потворна яка сліпа
не варта найменшої згадки в найтоншій книжці

яка голодна
харчується тінями
дотиків, слідами цілунків
на теплому горлі дня

знає що з усіх імен
твоє ім'я наймиліше
а тому
запливаючи в глибокі колодязі
ронить великі камінні сльози
круглі, вони важко лягають на дно
крізь прозору товщу води

love fish

the love fish
lives in the large body of the river
it swims in it like a pendulum
back and forth and in a circle
fastened to the heart's axis

it patiently meanders
from the water's roots
to its spreading branches
swims paths that are covered
with only your traces

the love fish sings
with a frog's mouth
with an ant's voice
oh how ugly it is how blind
not worth the slightest mention in the thinnest book

so hungry
that it eats shadows
touches, traces of kisses
on the warm throat of the day

it knows that out of all names
your name is the dearest
and so
swimming into the deep wells
it sheds large round stone tears
falling heavily to the bottom
through the thick clear water

риба любов
знає
що ім'я твоє дзвенить
як браслети на зап'ястях
танцюристки-циганки
від нього йде луна
так наче у великій порожній церкві
хтось розсипав торбу мідних монет
або солдати на площі
одночасно кинули зброю
тисячу шабель

ім'я твоє гостре
взяте ніжно під язик
воно коле у роті
й зубчастим шпичаком
виходить крізь губу

пливи рибо любов
доки росте твоє велике дерево води
доки живе своїм тихим життям
залізний гачок у твоїй губі

тримає тебе на прив'язі
й ніжно поторсавши
щоразу приводить

додому

the love fish
knows
that your name rings
like bracelets on the wrists
of a gypsy dancer
that it echoes like
a bag of copper coins scattered
in a large empty church
or like the sound of soldiers in the square
throwing down their weapons all at once
a thousand swords

your name is sharp
when taken tenderly beneath the tongue
it pierces the mouth
and the tip
comes out through the lip

swim love fish
while your big tree of water grows
while the iron hook in your lip
lives its quiet life

keeping you tethered
and tenderly pulling
ever closer to

home

залізне гомерове небо

. . . как нам велели пчелы Персефоны.

— *Осип Мандельштам*

залізне гомерове небо
довга смуга землі поросла травою
камінь що вгрузши по плечі в пісок
і досі співає
на світанку
коли червону розжарену кулю сонця
випускають на волю сонні
розпружені персти ночі

господи марних надій і відчайдушних поривань
благослови наші курні широкі поля
наші довгі дні
наші черстві хліби
піт наш що пахне дьогтем
наше вино що пахне потом
трави що стоять на сторожі наших могил

благослови нашу скорботну велику землю
її виїдені мурахами очі
її вузькі як шрам порепані вуста
її упертість – з якою скеровує
маленьких волохатих бджіл у палючу синь
її покірність що з нею підставляє
шаленому морю
своє широке червоне чоло
для удару – або поцілунку

наша флотилія зазнала поразки
сто тисяч літ носило морями

homer's iron sky

. . . as we were told to by Persephone's bees.

—Osip Mandelshtam

a long strip of earth overgrown with grass
the stone sunk into the sand up to the shoulders
still sings
at dawn
when the red burning sphere of the sun
is released. the sleepy
fingers of the night relax

oh lord of fruitless hopes and desperate endeavors
bless our dusty vast fields
our long days
our stale bread
our sweat that smells of tar
our wine that smells of sweat
the grasses that keep watch over our graves

bless our sorrowful big land
its eyes eaten out by ants
its cracked lips thin as a scar
its stubbornness with which it directs
small fuzzy bees into the burning blue
its obedience making it submit
its wide red forehead
to the raging sea
for a slap or a kiss

наші розбиті човни
аж поки
південний вітер — затятий башибузук
із вродливим обличчям грецького найманця
не кинув нас грудьми
на цю руду гарячу глину

отже нам бути тут

тримаючись за білі спини овець
пірнаючи між них — як пірнає
плавець у піняву шапку хвилі

вбираючись в овечу шкуру
в роті тримаючи гірке солоне
солодке ім'я
ти стоїш на краю
великого моря трави
чекаєш доки сонце
великими червоними руками
обмацавши тебе
поставить
своє одвічне питання

відповідь на яке
знають земля і води
знають спориш і ковила
знають риби і вівці
тільки не ти
тільки не ти

our flotilla suffered defeat
the seas carried our wrecked boats
for a hundred thousand years
until
the south wind, a ruthless *bashi-bazouk*
with the airs of a handsome greek mercenary
threw us face-down
against this red hot clay

so we will remain here

holding onto the white backs of sheep
ducking between their legs like a swimmer
diving into the foamy caps of waves

dressed in sheepskin
holding a bitter salty
sweet name in your mouth
you stand on the edge
of a vast sea of grass
you wait until the sun
explores your pelt
with large red hands
and asks
its eternal question

the answer
known to the earth and water
known to the knotweed and feather grass
known to the fish and sheep
to all but you
all but you

тρава

тимчасовість трави
м'якість минущість зникомість трави
нетривкість трави
її зелене стояння між світлом і повним нічим
її проростання між щільними сірими плитами днів
її тоненькі мужні пальці-леза
що ними прориває густе мовчання каміння
що ними руйнує крихку
нерухомість слова

о, танцю трави не годен утнути
ніхто крім неї
як рвучко ступає вона — всім хитавим зеленим тілом —
уперед
як стишується припавши до землі
як гнучко випростує
свою жилаву мускулясту спину
як падає — мов підкошена — знову

як лягає
раптово важка й остаточна
в купи сіна
в печальні великі снопи відбулого літа

наче звір
що прийшовши вмирати
в самісіньке серце лісу
кладе важезну голову
на повільні натомлені лапи

grass

the transience of grass
softness impermanence of grass
brevity of grass
its green act of standing between the light and the void
its growing between dense gray slabs of days
its slender strong fingerblades
that tear through the thick silence of stones
that destroy the fragile
solidity of words

o, who else can do the dance of grass
but the grass
how tumultuously it moves–its entire swaying green body
leaning — forward
how it stills pressing itself to the earth
how flexibly it straightens
its veiny muscular back
how it falls — as if mowed down — again

how it lays itself down
suddenly heavy and definite
in piles of hay
in sad large sheaves of a summer past

like an animal
that came to die
in the very heart of the forest
it rests its heavy head
on slow tired paws

як вона мовчки лежить
як ронить сухі маленькі колючі сльози насіння
із розплющених широко очей

як пахне:
грива сонця
оберемок вчорашнього вогню

хто ходить шляхами трави
як миші й борсуки
як жуки і змії
той носить навиворіт
її пістряву кудлату шкуру
що ховає хворі кості каміння
й покручені жили руди

хто ходить шляхами трави
той живе в старомуублі своїх предків
серед їхнього пір'я і пуху
клаптів шкіри
і кошлатої куделі їхнього дихання
серед їхніх кісток

хто ходить шляхами трави —
той сам трава

той проріс через пісок і ґрунт
через маленькі камінці й випадкові скельця
повз порожні равликові хатки й торішні жолуді
повз чуже коріння
повз коріння рідне
мамине татове братчикове сестриччине
повз коров'ячі кості й собачі зуби
протипіхотні міни

how silently it lies
how small dry prickly tears of seeds fall
from its wide open eyes

how it smells:
the mane of the sun
the remnants of yesterday's fire

whoever walks the paths of grass
like mice and badgers
like beetles and snakes
wears inside out
its speckled woolly skin
that hides the sick bones of stone
and the twisted veins of ore

whoever walks the paths of grass
lives in the ancestors' old nest
among their feathers and down
pieces of skin
and their shaggy entangled breathing
among their bones

whoever walks the paths of grass
also is grass

whoever does it—grew through sand and dirt
across small pebbles and occasional pieces of glass
across empty snail shells and last year's acorns
across unfamiliar roots
across familial roots
mom's dad's brother's sister's

загублені ґудзики й відсирілі недопалки
крізь мишачі нори й білчині комірчини
повз кабелі що лежать у землі і мовчать
повз людей
що теж лежать у землі і мовчать

чекають
аби прорости й зашелестіти
аби станцювати нескінченний хитливий танець
на просторому місячному вітрі
на безжальному сонячному вогні

across cow's bones and dog's teeth
military land mines
lost buttons and tossed cigarette butts
across mouse holes and squirrel burrows
across cables that lie in the earth in silence
across people
who also lie in the earth in silence

they wait
to burst through and rustle
to dance the endless vacillating dance
in the generous moon wind
in the ruthless fire of the sun

драбина

сьогодні мені наснилося,
що в моєму саду ходить якась інша жінка.
я не бачу її лиця,
бачу лиш руки, якими вона нагинає гілля моїх дерев,
руки які говорять: ти тут тепер чужа.

малою я любила видертися
на присунуту до горища драбину. любила сидіти
на найвищому щаблі,
підібгавши ноги,
хвіст бубликом, ніс ґудзиком,
серце пуголовком тремтливим простакуватим,
рука — тепле бездомне заснуле у пелені щеня.
сонце ловило мене у велику сіть.
сонце впіймало.

як витікає з тебе гірка непроста вода,
коли дощ ділить місто на більшу біду і меншу,
на так і розтак.

вага великих днів
облягає, наче задушлива ковдра,
сіється автомобільне трамвайне світло крізь вікно.
тремтить усередині
налякана стрілка барометра,

віщуючи
морок.

ladder

today i am dreaming
that some other woman is walking in my orchard.
i don't see her face,
i see only her hands with which she bends the branches
    of my trees,
hands that say: now you are a stranger here.

when i was little, i liked to climb
the ladder that was pushed up against the attic. i liked to sit
on the highest rung,
tucking in my feet,
my tail curled into a bagel shape, my nose like a button,
my heart full of trembling tadpoles,
my hand was a warm stray puppy curled in my lap.
the sun would go catching me with its large net.
the sun would capture me.

bitter unclean water flows from you,
when the rain divides the city into bigger
    and smaller catastrophes,
into order and disorder.

the weight of long days
covers us like a heavy blanket,
car lights tram lights scatter through the window.
the frightened arrow of the barometer
trembles inside,

announcing
darkness.

чумацький місяць

у місяця немає дому
немає місця у місяця немає
де прихилити голову немає
до кого притулитися

є тільки біг біг мовчання мовчання
кругле озеро тіла
вутла ряднина небес
діри крізь які
падають на землю
оберемки світла
рясного як сміх
блідого як зимові вікна
коливкого як руки потопельників

ось дорога
над нею око
що все видить
глянь глянь-но тільки
як далеко від тебе
світиться в пітьмі
розжарений півобруч обрію:
чи ж доїдеш?
чи ж дійдеш?

втім коли схочеш
я навчу тебе співати так
аби замовкле поле
тремтіло тобі назустріч
аби темні криниці
наливалися сріблом на твоєму шляху
давай я навчу тебе

the salt traders' moon

the moon doesn't have a home
the moon doesn't have a place doesn't have
anywhere to lay its head doesn't have
anyone to comfort it

it only has its rush rush its quiet quiet
the round lake of a body
the thin blanket of heavens
with holes through which
handfuls of light
fall to the earth
rich like laughter
pale like winter windows
flailing like the arms of those drowning

here is a road
above it is an eye
all-seeing
look just look there
how far from you
is that red-hot half-hoop of the horizon
glowing in the darkness:
will you ride that far?
will you walk?

still if you want
I will teach you to sing so
that the field will fall silent
and reach out trembling towards you
so that the dark wells

ходити межею
їздити верхи на живоплотах
носити під пахвою тепле перепелине яйце

місяць простеле тобі стежки
заповідною пущею осоту
дикою сельвою лободи
священними полиновими хащами

маки похилять
свої важкі вінценосні голови
тобі до ніг

залізні вози
зрушать із місця
і довгі вервечки солі
сплутають наші сліди

наша валка
посуне стернею
по молочному полі

ай порозсипали ми нашу сіль
ай погубили ми в сутінках наші душі
нема нас кому шукати — нема кому віднайти
ай ай ай

will swell with silver along your path
let me teach you
to walk the hedges
to ride on the back of the hedgegrow
to carry a warm quail's egg under your arm

the moon will roll out paths for you
through the lush thickets of thistles
through the wild forest of orache
through the sacred wormwood grove

poppies will bend
their heavy crowned heads
towards your feet

iron wagons
will start moving
and long trails of salt
will intermingle with our footprints

our caravan
will drag itself across the stubble
through the milky field

o spilled is our salt
o lost are our souls in the twilight
there is no one to look for us — no one to find us
o o o

відстань

відстань ворушиться
темна й шерехка
як повний мішок нічного листя

хитка
вона стає навшпиньки
перехиляється через сірий пасмуг дороги

проливається
через лискучу чорну ленту ріки

сягає попри живопліт
повний вечірніх голосів

попри дерева
з їхніми глибокими дуплами таємниць

поперек мосту
що осідлав береги
як величезна кам'яна жаба

повз чорні оксамитові купи
присмеркових квітів

опріч шосе
гримкого як порожня бочка

попід червоними вікнами
однакових жовтих будинків

distance

the distance moves
dark and rustling
like a bag full of night leaves

swaying
it stands on its tiptoes
leans over the gray strip of road

spills
across the shining black ribbon of river

reaches the hedge
full of evening voices

goes past the trees
with their trunks hollowed out by secrets

across the bridge
that straddled its banks
like a large stone toad

across black velvet bunches
of twilight flowers

beside the highway
thundering like an empty barrel

beneath red windows
of identical yellow houses

по галасливій щебінці дворів

мимо борсучої нори

крізь зарості глоду й ожини
чиї тендітні кістляві руки
так ніжно
так нероздільно сплелися

тягнеться далі за околицю
де фабрика тоне у морі трави
і тільки димарі — як труби
приреченого пароплава
ще бовваніють над хвилями

там
у порожній цистерні
живе польова царівна
лебідка куріпка крапка на мапі
автомобільних шляхів
точка перетину сну
з нульовим меридіаном

там ворота великих пагорбів
розгортаються беззвучно: як крила птахів
пропускаючи високих місячних вершників

там де ступали їхні коні
між сонними повіками моху
зблискують ясні очі джерел

горобина тремтить
триває пташина учта
ллється тіло відстані

over the noisy gravel of the yards

near a badger hole

through thickets of hawthorne and blackberry
whose fragile boney hands
are interwoven so delicately
so inseparably

stretches further to the edge of the city
where a factory drowns in a sea of grass
and only the smoke stacks—like the pipes
of a sinking steamboat
still appear above the waves

there
in an empty water tank
the field princess lives
a swan a partridge a dot on the map
of automobile roadways
the point of the intersection of slumber
with the prime meridian

there the gates of large hills
unfold soundlessly: like the wings of birds
letting the tall moonlight riders through

under the hoofs of their horses
among the sleepy lids of moss
open the bright eyes of springs

rowan trees tremble

довге й повільне
довге й прудке
триває гонитва за серпокрильцями
ув імлі

мряка
ховає шляхи

the birds' feast continues
the body of distance flows
long and slow
long and brisk

its pursuit after the swifts goes on
in the fog

drizzle
obscures the roads

в солодкий сад

в солодкий сад
жоно ввійдеш
кісткою в горло
грудкою глини що тане
повільно занурюючись
у темний став його тіла

ввійдеш як в ріку
вперше — великою рибою
з повним снів білим животом
вдруге — кривавою ягодою
щільним кулачком повним терпкого насіння
втретє — порожнім глеком
із горлом тонким і співучим

щоразу входячи — не матимеш імені
щоразу входячи — нестимеш повен рот імен
ковтатимеш їх за ворітьми
щоб знову не мати жодного
щоби вернутися

into the sweet orchard

you will go, woman, into the sweet orchard
a bone through a throat
a chunk of clay that melts
slowly burying yourself
in the dark pond of his body

you'll go as if into a river
first — a large fish
with a white belly full of dreams
second — a bloody berry
a closed fist full of bitter seeds
third — an empty jar
with a narrow neck full of song

each time you enter you won't have a name
each time you enter you'll carry a mouthful of names
you'll swallow them beyond the gates
so that again you won't have any
so that you can return

вода

вода
стоїть у повітрі
незворушна як голем
настільки присутня
що вітер
не проходить крізь неї
а тільки відлунює
від її великого тіла

вода стоїть
тверда і холодна
порожня всередині
гола
розписана колами й вузлами
як варвар
синє чоло якого
вінчають дуб і гостролист

ходімо
станьмо в коло
співаймо
просту і велику
пісню води
биймо в порожні відра
в баняки і каструлі

проженімо змія
що випив нашу річку

бігтиме кропивою —
і кропива пожалить йому пазуристі ноги
бігтиме будяками —

water

water
hangs in the air
immovable like golem
and so present
that wind
doesn't pass through it
but only bounces
from its vast body

water hangs
hard and cold
hollow
naked
painted with circles and nodes
like a barbarian
whose blue forehead
crowns the oak and holly

let us go
stand in a circle
sing
a simple and great
song of water
beat empty buckets
pots and pans

scare away the dragon
that drank our river

й будяки списами поколють йому лускате тіло
бігтиме осотом —
і осот шаблями проштрикне йому жовте черево

вийде з нього ріка
вийде з нього вода
стане посеред дороги
гола як немовля
висока й шумлива як ліс

і заговорить

it will run through the nettles
the nettles will prick its clawed feet
running through the thistles
the thistles will spear its scaly body
running through the sow-thistle
the sow-thistle will poke its yellow belly with its swords

the river will flow from it
water will come out from it
water will stand in the middle of the road
naked as an infant
as tall and thunderous as the forest

and it will speak

в домі вітру

в домі вітру
світло хитається в вікнах
риплять щаблі
попискують миші
тіні падають як підкошені
м'яких метеликів тиші
згрібає у жменю
невидима рука

в домі вітру
листя летить сторчголов
не розбираючи дороги
гілля хльостає нас по щоках
ліс увіходить до вітальні
множинний і незборимий
під його золотою п'ятою
тремтить лахміття дороги

в домі вітру
той хто не спить
читає велику книгу
написану ожиновим чорнилом
на лопуховому листку
на скляній осінній воді

в домі вітру знають
що місця де нас більше немає
зникають безслідно
і що сонце
сівши у нас за спиною
тоне в нічному чорнилі
і закриваються рани криниць
із яких ми пили

in the house of the wind

in the house of the wind
the light sways in windows
steps squeak
letting out mice
shadows drop down cut off at the knees
an invisible hand
grabs in its fist
soft butterflies of quiet

in the house of the wind
leaves fly head over heels
blindly
branches sting our cheeks
the forest walks into the living room
profuse and invincible
beneath its golden heel
the road trembles in tatters

in the house of the wind
someone is awake
reading a great book
written in blackberry ink
on burdock leaves
on glassy autumn water

in the house of the wind
they know
that the places where we're not anymore
disappear without a trace
and that the sun

тому в домі вітру
завжди нас чекають
тому там завжди
нам простелено сутінь
відсунуто трохи вбік серпанок дощу
наповнено порохом
високі бабусині склянки
і на столі
розкладено хитрий пасьянс сузір'їв

і коли ми йдемо
там у вікнах хитається світло
підводиться — й знову заточується
рожевіють щоки сліпого вогню
а пальці дороги
дрібно-дрібно тремтять

after setting behind our backs
drowns in night ink
and that the wounds of the wells
from which we drank
heal

that's why in the house of wind
they are always waiting for us
that's why they always have
our beds made with sheets of twilight
the curtain of the rain is slightly moved to the side
tall grandmother's glasses
are filled with dust
while on the table
constellations are spread
like a game of solitaire

and when we are leaving
light sways in the windows
it rises—and stumbles again
the cheeks of the blind fire redden
and the fingers of the road
tremble
ever so slightly

контактна зона

ii

contact zone

genius loci

I

привиди
залишаються там де стояли ми
поруч
тримаючи в собі
повні легені повітря
так багато вдихів
багато видихів
днів кроків
світанків і сутінків
вбрані у шкіру
густо засіяну дотиками те́плу
стояли

тримаючи одне одного в полі зору
на відстані простягнутої руки
в межах досяжності
і просто — крадькома — за рукав

місце де ми стояли
вітер завіяв
листям
мох мовчазний і терплячий
вистелив наші сліди
павучки
поснували крізь нас
свої тремкі дороги

де ми стояли
лишились
заглибини в повітрі
так глибокі садна

genius loci

1

spirits
remain

where we stood

close together
holding within us
lungs full of air
so many breaths in
so many breaths out

we stood
dressed in skin
strewn with warm caresses

keeping each other in our field of vision
within an arm's length
within the limits of reach
and simply—stealthily—gripping a sleeve

wind scattered leaves
over the place where we stood
the silent and patient moss
blanketed our footprints
spiders spun through us
their delicate paths

where we stood
imprints were left in the air

беруться кіркою
яку сколупуєш
— а там
повна крові ямка

куди ж ти пішов, чуєш?
ще зовсім темно
надворі вітер
смикає дерева за руки
затуманене дзеркало у ванній
сходить слізьми

скільки ще днів у тобі
скільки ночей
лиши мені хоч трішки

куди ж ти, чуєш?
куди?

like when a small wound
scabs over
but when you pick off a scab
underneath
is a bleeding hollow

listen, where are you going?
it's still dark outside
the wind
is yanking the trees by their arms
the fogged-up bathroom mirror
is in tears

you have so many days in you
so many nights
save some for me

listen, where are you going?
where?

2

так темно
ранок вдає із себе ніч

чорні лисиці
снують між зірок

колючі вітри
неспокійно вовтузяться
у своїх високих гніздах

роса
кусає за пальці

шипшина
хапає перехожих за рукава́
і тягне в нетрі
в нутро живоплоту
нашорошене привидами
повне сплячих птахів

холод
бігає полем як скажений пес
ронить довгі нитки слини
на померзлу ріллю
що взялася твердими грудками
скавучить
настрашений власним безумством
шукає прихистку
бодай у смерті

смерть
сидить
стереже свій курінь

2

it's so dark
the morning pretends to be night

black foxes
lurk among the stars

biting winds
shift restlessly
in their nests high above

dew
bites fingers

the dog-rose
grabs passersby by their sleeves
and pulls them into the thicket
into the entrails of the hedge
bristling with spirits
full of sleeping birds

cold
runs through the fields like a rabid dog
leaving long threads of saliva
across the frozen land
across the hard lumpy earth
howling
frightened by its own madness
it looks for shelter
even if in death

хукає на руки
ховає їх до кишень
намацує там
дрібки махорки
пріле насіння
мишачий послід

«яка ж вона
— думає смерть —
в біса довга,
ця ніч»

death
sits
watches over its hovel
breathes on its hands
hides them in its pockets
where it finds
bits of tobacco
moldy seeds
mice droppings

"what a night
—death thinks—
a hell of a long
one"

3

ти пішов
а пам'ять про тебе ще й досі живе
у моєму домі

потай
як миша

бігає попід ліжком ночами
тупотить маленькими лапками
шарудить паперами
лишає послід по кутках

ніяк її не збутися
обходить пастки
що їх я так довго розставляла
прибиваючи пальці
ойкаючи
обливаючися слізьми

мудра мудра миша
старий маленький звір
навчений днями сидіти в кутку
не ворухнеться
не пискне
анішелесть
анічичирк
вдає що її нема
— сидить
лапки хвоста і тінь свою
підібгавши під себе

3

you left
but the memory of you lives on
in my home

stealthily
as a mouse

it runs underneath the bed at night
clicks its small paws
rustles paper
leaves its droppings in corners

there is no way to get rid of it
it avoids the traps
that it took me so long to set
jamming my fingers
gasping
crying like a baby

wise wise mouse
small old beast
smart enough to sit in the corner for days
not moving
not squeaking
not a sound
not a movement
pretending it doesn't exist
it sits
it tucks its paws tail and shadow
beneath itself

а вночі сміливішає
виходить на середину кімнати
ворушким носом
втягує повітря

в домі пахне вчорашнім хлібом
вовняними шкарпетками
гелем для душу
моїми страхами і снами

миша приходить
сідає до мене на подушку
замислено миє вуса

я розтуляю вуста уві сні
ворушу губами
так наче хочу щось сказати
але натомість —
просто дихаю

at night it becomes braver
comes into the center of the room
with a twitching nose
it breathes in the air

the house smells of yesterday's bread
wool socks
shower gel
my fears and my dreams

the mouse comes
sits on my pillow
pensively grooming its whiskers

i open my mouth in sleep
move my lips
as if about to say something
but instead —
i just breathe

4

ніхто
нікого
ніколи
насправді
не відпускає
не забуває
не дозволяє йти
не викликає таксі на вокзал
не проводжає до дверей
не подає пальто

коли машина від'їжджає
не стоїть довго потому
з прочиненими дверима
тому що раптом ти щось забув
і зараз повернешся
раптом ти зараз повернешся
раптом ні

і ніхто не прибирає потому зі столу
чашку з іще теплою кавою
не оглядає кімнату
в надії що предмети в ній
втратили ознаки твого перебування
не шукає тебе розгублено очима
там де тебе нема

ні
ніхто
ніколи
потому
не лягає в ліжко
що пахне тобою

4

no one
ever
really
lets
anyone
go
ever forgets
ever allows them to leave
ever calls a taxi to the train station
ever walks them to the door
ever helps with their coat

when the car drives off
no one lingers behind with the door open
because what if you forgot something
what if you'll be back
what if you'll be back in a moment
what if not

and no one ever clears the table of the cup
of coffee that is still warm
no one looks around the room
hoping that the objects in it
somehow lost the traces of your presence

no one turns their confused gaze
to where you are no more

no
no one
ever

не загортається в ковдру
як у чиєсь живе тепло
не відчуває розпачу

і безумовно
точно
ніхто
ніколи
не плаче

afterwards
lies in the bed
that still smells of you
ever tucks themselves into the covers
like into some living warmth
no one feels despair

and of course
most certainly
no one
ever
cries

5

перестилаючи постіль
я гублюся між білих заметів простирадел
тону між гребенями подушок
зашпортуюся в підковдрі

постіль пахне тобою
зануривши руки в її надра
наче акушерка
вишукую щось у темній утробі

присутність
зітхання
вчасно не стриманий крик
відбиток розпруженого тіла
сліди наших рідин

підковдра облаплює мене
як величезний восьминіг

задихаючись
схлипуючи
вишпортуючись із сатинових обіймів
я наче дон кіхот
воюю з вітряками

з твоїми позавчорашніми снами
з нашими сонними розмовами
з невблаганно точною пам'яттю шкіри
з відстанню і її відсутністю
і потім — з відсутністю тебе

5

making the bed
i get lost in the white drifts of sheets
i drown in the swells of pillows
get tangled in the covers

the sheets smell of you
lowering my hands into their depths
like a midwife
i search for something in the dark womb

perhaps for presence
breath
an unsuppressed cry
the marks left by our spent bodies
the traces of our liquids

the covers crush me
like a giant octopus

breathless
gasping
struggling out of the satin embrace
i am don quixote
battling the windmills

battling your yesterday dreams
our sleepy conversations
the unforgivingly sharp memory of skin
distance and its absence
and then—the absence of you

я воюю — і зазнаю поразки

коли я сплю
тепла невидима рука
лягає на мій живіт

i fight—and i suffer defeat

when i sleep
a warm invisible hand
lies on my stomach

6

археологія кухонних раковин
is no fucking rocket science
тарілка за тарілкою
я знімаю культурні шари
заглиблюючися
в підкірку часу

маленькі круглі тарілки квапливих сніданків
липкі від самотності

блюдечка нічних перекусин
зі слідами провини

нарешті на дні —
наші великі тарелі
з яких ще вчора ми їли
сонце і сміх
наші безглузді суперечки
нашу гадану спорідненість

наївшися
ми встали з-за столу
і пішли

6

the archeology of kitchen sinks
is no fucking rocket science
plate after plate
i remove cultural layers
i dig into
the gray matter of time

small round dishes of hurried breakfasts
sticky with solitude

plates from midnight snacks
with traces of guilt

finally at the very bottom—
our large plates
just yesterday
we ate out of these
sunlight and laughter
our pointless disagreements
our pretend togetherness

having eaten our share
we got up from the table
and left

7

мокра білизна не сохне
мокра білизна не сохне на дощі
мокра білизна не сохне на дощі, тому що це клята англія
— а як ти думав? а що ти хотів? — країна велетів духу і поганих зубів — замків і сміттєзвалищ – ввічливих відмов і зібганих вибачень — країна грілок і пабів, музеїв і каміння, часом величезних куп каміння, яке складається в цілі гори, що ними можна навіть ходити, якщо придбати належного штибу взуття у належного штибу магазині.

країна великих вікон що в них не заведено зазирати. аж раптом там яка порядна пані наповнює свою тарелю для фруктів: хіба годиться втручатися в такий інтимний процес? раптом там маргарет емілі дейзі шмейзі, маклеод із клану маклеодів, імовірніше сміт із клану смітів, набирає ванну, відкриваючи — о так! — обидва крани одночасно — що як вона побачить тебе? що як прийшовши з роботи і, йопт, щойно знявши свої важкі черевики, дейві, так його, крашевскі, озброєний своїм шиплячим прізвищем і щойно відкритою банкою пива, побачить у вікні твою пику й небезпідставно захоче тобі наваляти?

о, ця країна, ця країна, цей альбіон-на-крові, ця скороспіла ожина, ці вітражі, ці постійні вітри – а що ти хотів? — імперії старішають, як люди. у них випадають зуби. вони хотіли б кусатись, але натомість тільки безсило клацають щелепами й скавучать. щоправда, стара добра англія ще завиграшки може проковтнути тебе з тельбухами. поставити тебе в чергу, лишити чекати на лінії, зіграти тобі тим часом двадцять моцартів і п'ятдесят чайковських, запропонувати чашку чаю, запросити зареєструватися в поліції — саме так, запросити

7

wet laundry doesn't dry
wet laundry doesn't dry in the rain
wet laundry doesn't dry in the rain, because this is fucking
england—and what were you thinking? what did you
expect?—a country full of great minds and bad teeth—castles
and landfills—polite refusals and crumbled apologies—country
of hot plates and pubs, museums and stones, sometimes really
large piles of stones, that are stacked into entire mountains that
you can actually climb, if you buy the right kind of shoes from
the right kind of store.

the country of large windows you are discouraged from peering
into. because what if you see a certain pure and virtuous lady
setting out her fruit bowl: how dare you impose on such an
intimate process? or what if you encounter a margaret emily
daisy shmeisy, macleod of the clan of macleods, more likely
smith of the clan of smiths, filling her bathtub, and opening—o
yes!—those both faucets simultaneously—what if she sees you?
what if having just come home from work, and, having, dammit,
just taken his heavy shoes off, davey friggin' kraszewsky, armed
with his tongue-twisting surname and his just opened can of
beer, sees your mug in the window and quite reasonably decides
to kick the living hell out of you?

oh, this country, this country, this albion-on-blood, these quickly
ripening blackberries, this stained glass, these constant winds—
but what did you expect? empires get old, like people. their
teeth fall out. they would love to bite, but instead just snap their
jaws and whimper. nonetheless, good old england can still easily
swallow you guts and all, put you on hold, leave you waiting on
the line, play twenty mozart pieces and fifty tchaikovskys for

якнайгречніше, адже якщо ні, то, як нам не прикро, ми мусимемо, на превеликий жаль, викинути вас — так, саме вас, сране терористичне бидло, — за межі нашої прекрасної країни, де ви витріщаєтеся в наші вікна.

поки ви збиратимете себе з підлоги і витиратимете ваші криваві шмарклі (будьте ласкаві, не забудьте витерти ваші криваві шмарклі з наших блакитних кахлів: наперед вдячні вам за співпрацю) — отож тим часом ми надамо вам усі необхідні консультації та забезпечимо носовичками. втім, імовірно, вам нема чого боятися. чи носите ви жилет? чи ходите ви до пабу? полюбляєте садівництво? будете чорний чай з молоком? любите своїх сусідів? боїтеся своїх сусідів? ненавидите своїх сусідів? ваші сусіди бояться вас? а чи люблять ваші сусіди садівництво?

така країна, бачиш, така країна. а як ти думав, чуєш? що ти хотів? — закон стоїть на варті нашого спокою. квартали патрулюються загонами добровольців. сміття сортується. облаштовуються годівнички для птахів. кролики перестрибують через залізничні рейки і зникають з історії. бомби вибухають на стадіонах. комп'ютери грають в ґо. зірки загоряються і гаснуть, як повідомлення у снепчаті. андроїди снять собі про електричних овець. закон що стоїть на варті нашого спокою має великі кулаки.

закон що стоїть на варті нашого спокою має великі кулаки. під його пильним незмигним оком зацвітають троянди, а нелегальні мігранти провалюються в тріщини в земній корі. в його володіннях міста відчайдушно стріляють електричними вогнями у ніч. люди злітають під склепіннями соборів. живоплоти гудуть, як вулики повні потаємного життя. відьми доять корів на ранкових

you, offer you a cup of tea, ask you to register with the police —
that's precisely it: ask you as politely as possible, but if you don't,
then as much as we regret to, we will be compelled to, it's really
too bad, throw you out — yes, you bloody terrorist swine — out of
our beautiful country where you peer into our windows.

when you pick yourself off the floor and wipe away your
bloody snot (could you please kindly remember to wipe your
bloody snot from our blue tiles: many thanks in advance for
your cooperation) — we will provide you with all the necessary
advice, as well as an ample supply of handkerchiefs. however,
it's quite likely you might have nothing to worry about. do you
wear a vest? do you go to the pub? do you enjoy gardening?
fancy some black tea with milk? do you like your neighbors?
are you afraid of your neighbors? do you hate your neighbors?
are your neighbors afraid of you? and do your neighbors enjoy
gardening?

such a country, you see, such a country. and what were you
thinking, really? what did you expect? — the law stands
guarding our peace of mind. neighborhoods are patrolled by
volunteers. garbage is sorted. bird feeders are put up. rabbits
leap over railroad tracks and fall off the margins of history
textbooks. bombs go off in stadiums. computers play go. stars
blaze and vanish, like snapchat messages. androids dream of
electric sheep. the law that stands guarding our peace of mind
has large fists.

the law that stands guarding our peace of mind has large fists.
under its watchful unblinking eye roses blossom, and illegal
migrants fall through the cracks in the earth's crust. in its realm,
the cities desperately shoot out their electric flames into the night.
people go soaring under the cupolas of cathedrals. hedges hum

фермах. гвардійцям у високих шапках сверблять потилиці. потяги сходять із рейок і безслідно зникають у темних лісах. темні ліси безслідно зникають у животах овець. вівці не зникають.

вівці пасуться собі поміж древнього мовчазного каміння, попід безупинним дощем. їхні мудрі печальні морди зосереджено жують.

моя мокра білизна, як завжди, не сохне на дощі.

like hives full of secret life. witches milk cows on the morning farms. guards in tall hats feel their necks itching. trains jump the tracks and disappear without a trace into the dark forests. dark forests disappear without a trace into the stomachs of sheep. the sheep don't disappear.

the sheep graze among the ancient silent stones, beneath the endless rain. their wise sad faces are focused on chewing.

my wet laundry, as usual, doesn't dry in the rain.

8

я змиваю з себе у ванній
наших майбутніх дітей

вони не пручаються
стікають собі тихесенько водостоком
біжать наввипередки по трубах
просотуються в ґрунт

зрештою їх виносить десь далеко
маленька ріка
сонна неквапна

бовтаючись у ній
серед очеретів і жаботиння
серед банькатих риб і допитливих комах
серед сонячних плес і маленьких вирів
наші майбутні діти
сміються

8

in the bathroom
i wash off our future children

they don't resist
instead dripping quietly down the drain
running through the pipes
soaking the earth

finally they are carried out somewhere far
by a small river
lazy calm

splashing about
among the reeds and duckweed
among the round-eyed fish and meddling insects
among the sun-warmed shoals and small whirlpools
our future children
are laughing

9

загублені предмети
живуть в іншій країні

під ліжками і столами
за диванами і в глибині далеких шухляд
час тече інакше
не так як тут

тут де я
силкуюся зібрати по кутках свого дому
своє майбутнє
вимести за поріг своє минуле
виборсатися з-під свого тепер
як з-під уламків розваленого будинку

тим часом
мій паперовий носовичок
забутий в ущелині між тумбою і ліжком
і досі спокійно живе собі в одному просторі
з тими нами двома

що засинаючи сплітаються ногами
а уві сні дихають тихо як діти

коли — по любові — вона дурепа плаче
він витирає їй сльози

9

lost objects
live in another country

beneath beds and tables
behind couches and in the depths of distant drawers
time flows differently
not like it does here

here where i am trying
to pick up my future
in the corners of my room
to sweep my past over the threshold
to drag myself from under my present
as from under the pieces of a torn-down building

meanwhile
my tissue
forgotten in the gap between the nightstand and the bed
still peacefully lives in the same space
with those two of us
who intertwine our legs when falling asleep
and in our sleep—breathe quietly—like children

when after sex she foolishly cries
he wipes her tears away

велика риба нью-йорк

1

учора містом ходила велика риба
я знаю я сам це бачив я саме міряв
на себе вулицю як затісну сорочку
або незнайому жінку. тоді розверзся
автобус, і я пройшов через дим людей
дерева тремтіли задерши спідниці. ноги
зануривши голі в холодні озера вітрин
із неба цідилося біле сумне молоко
коли я спинився скрутити собі папіросу
смішні мої пальці комизились наче граблі
гіркий мій язик наче п'яний заточувавсь в роті
коли я спитався у тебе куди мені йти
планета хитнулась — і ти показала на захід
як порожньо стало у світі як довго я спав
дивися відколи я їв всі хліби скам'яніли
відколи я пив захлинулась собою вода
і полум'я згасло
вона засміялась «це ж ніч
вночі в цьому місті трапляються речі які
при світлі нагадують янголів з білого сиру
а в темряві носять навиворіт лиця — і так
збивають зі сліду криваву ліхтарну армаду»
вона б говорила іще але риба пройшла
повз нас обережно гойдаючи мужнім хвостом
аби не збудити заснулого поруч безхатька
в його непорочному коконі жовтих газет
вона завернула за ріг на cathedral i broadway
ми тіні сховали в кишені і сіли в метро

big fish new york

1

yesterday a big fish walked through the city
i know i saw it myself i was just trying on
the street like a tight shirt
or a strange woman. then a bus erupted
and i walked through the smoke of people
the trees trembled hiking up their skirts. naked
legs sunk into the cold lakes of window displays
gloomy white milk seeped down from the sky
when i stopped to roll myself a cigarette
my comical fingers moved like rakes
my bitter tongue staggered in my mouth as if drunk
when i asked you where i should go
the planet swayed—and you pointed west
how empty the world became how long have i slept
look since i last ate bread has turned to stone
since i last drank the water has choked on itself
and the flames went out
she laughed "but it's night
at night things happen in this city which
in the light resemble angels made from white cheese
but in the dark they wear their faces inside out—and thus
evade detection by the bloody armada of streetlights"
she would have explained more but the fish walked
by us cautiously swinging its formidable tail
so as not to wake the homeless guy nearby
in his immaculate cocoon of yellowed papers
she turned on the corner of cathedral and broadway
we hid the shadows in our pockets and got on the subway

2

ти розгойдуєшся — й переступаєш поріг
виносиш себе за двері
на довгих ношах горизонтального вітру
кімната чіпляється за тебе каже не йди не йди
ну та як не йди

коли літо скінчилось а по ньому не сталось нічого
коли місто розбилось об сірий брезентовий берег
і загрузло по вікна й навіки лишилося тут

я не знаю чи ти помітив але відколи дні
почали коротшати я не знаю коли це було торік?
може давніше я не пригадую фішка в тому
що вони коротшають і досі що жодна весна
жодне літо не здатне запобігти скручуванню пружинки
тіла старіють світила гаснуть скисає в холодильнику молоко

ми
так далеко від усього коли сидимо на парапеті
коли повз нас пропливають жовті слова машини
повітря саксофон бігун голуб подружжя
геїв слова запах бургерів печаль зрештою дощ
ми так далеко
наші дні коротшають

і коли ти виходиш вночі покурити на сходах
у будинку всі сплять тільки пральна машинка не спить
якщо очі заплющити можна підслухати шелест
це ворушиться час як велика підземна ріка

2

you gather momentum — and cross the threshold
carry yourself through the doorway
on the wind's long horizontal stretcher
the room entreats you don't go don't go
but how can you not go

after summer was over nothing happened
the city shattered against the gray canvas shore
and sunk up to its windows and stayed so forever

i don't know if you noticed but since the days
started to get shorter i don't know when that was last year?
maybe earlier i don't remember the thing is
they are getting shorter still and up until now not a single spring
not a single summer has ever been able to prevent the spring
    from coiling
bodies age heavenly lights fade milk sours in the fridge

we
are so distant from everything as we sit on the railing
as past us flow yellow words cars
the wind a saxophone a jogger a pigeon a gay couple
the smell of burgers sadness finally rain
we are so far away
our days are getting shorter

and when you go out at night to have a smoke on the stairs
everyone in the building is asleep only the washing machine
    doesn't sleep
if you close your eyes you can hear the rustling
it's time moving like a giant underground river

3

із чого складається місто?

із пари

і з вуст

із парків де сплять волоцюги, із теплих квартир

де вікна впускають крізь штори оголений ранок

із псів що здебільшого майже не гидять публічно

метро що везе нас мостами в ранковий туман

коли ми вертаємось з віліджа в іншу країну

де сонні жінки не знаходять у сумці ключів

дрімають на ґанках у комір сховавши лице

із протягів що обіймають крізь куртки і пальта

із вицвілих фото в старих антикварних крамничках

іще не знайомих сухих нікотинових губ

лакованих і елегантних печальних індійців

які випливають із чорних своїх колісниць

давай по капкейку а потім поромом на айленд

коли я питаю як вийти на твенті ван іст

мені посміхаються жалісно як ідіотці

дивись яка класна татуха який падолист

загублений шалик вже тиждень живе на паркані

сусід виїжджав би на джоб чи не першим метром

однак що робити коли воно цілодобове

а інший сусід ще не спить стереже свою тінь

тут фрідом і ліберті разом як з діром аскольд

як джонсон із джонсоном. меланхолійно в підземці

викручує ґвинтики з радості віолончель

якщо підійти зовсім близько до краю в тумані

окреслиться міст ворухнеться велика вода

бігун кашляне шелеснувши крилатим кросівком

невидима тінь — ну і я тут невидима тінь

стою мовчазна носаком колупаючи пам'ять

якщо я тебе оближу язиком океану

вві сні — чи проснувшися будеш любити мене?

3

what is the city made from?
from steam
from mouths
from parks where vagrants sleep, from warm apartments
where windows let the naked morning seep in through the shades
and dogs that for the most part don't shit in public
the subway that carries us over bridges in the morning fog
when we are coming back from the village into another country
where tired women are fumbling for keys in their bags
they doze on porches hiding their faces in their collars
from gusts that embrace through jackets and coats
from faded photos in old antiquarian shops
yet unfamiliar dry nicotine lips
from lacquered and elegant sad indians
who float out of their black chariots
let's have a cupcake and then take the ferry to mermaid island
when i ask how to find east 21st
they smile at me awkwardly like i'm an idiot
look at that cool tattoo look what an autumn
a lost scarf has been living on the fence for a week now
our neighbor would be taking the very first subway to work
but that's not an option in the city where it runs around the clock
and the other neighbor isn't asleep he is guarding his shadow
here freedom and liberty go together like dir and askold
or johnson and johnson. in the subway
the melancholic cello is unscrewing the pegs out of happiness
if you walk to the very edge in the fog
the bridge becomes visible the big water stirs
the runner coughs his winged sneakers squeak
an invisible shadow—and so am i
i stand silent kicking up memory with my shoe
if i lick you with an ocean's tongue
in a dream—when you awaken will you love me?

4

якщо вийти за двері
замкнути в квартирі ключі перейти одразу
дорогу в недозволеному місці викинути
обгортку від льодяника в смітник проминути
перехрестя не вітатися ні з ким навіть
зі знайомим барменом що вийшов перекурити
пройти два квартали потім наприклад
ще два але в іншому
напрямку скористатися транспортним засобом
вийти на незнайомій зупинці
зникнути

імовірно ніхто так і не згадає що ми жили тут
що наші вікна виходили на великий будинок
      з рекламним білбордом
і баром на першому поверсі (привіт бармен)
ніхто не знатиме
як лежачи ночами в ліжку ми довго
дивились на стелю повну відбитків світла
думали про літо роботу вибори ні про що конкретно
      про нас
засинаючи слухали
шелест великої ріки

4

if we were to walk out the door
lock our keys in the apartment then immediately
jay-walk across the street throw out
the wrapper from the popsicle in the garbage pass through
an intersection not greeting anyone not even
our buddy the bartender who came out for a smoke
walk two blocks and then for example
walk two more but walk in another
direction use public transportation
get out at an unfamiliar stop
disappear

it's likely that no one would ever remember that we lived here
that our windows looked out on a big building with billboards
with the bar on the first floor (hi bartender)
no one would know
how at night lying in bed we stared for a long time
at the ceiling full of imprints of light
thinking about summer work elections nothing in particular
us
how falling asleep we listened
to the whisper of the great river

розмови про війну і не тільки

1

у вас там контактна зона, говорить ульріх
поблискуючи скельцями окулярів
інтелігентно всміхаючись

за вікном місто безпорадно заточується від снігу
це звір зі сходу, кажуть синоптики
— і ми їм віримо
як же не вірити в звіра, тим паче зі сходу

я говорю, ні-ні, у нас війна
себто я вживаю якийсь інший, методологічно
коректніший термін,
але насправді я маю нас увазі саме її, війну,
яка багата на імена,
і найстрашніші з них ті — що найввічливіші

наприклад, конфлікт
конфлікт на сході
не склалося,
не поділили щось,
не дійшли консенсусу,
не зійшлися характерами,
як старе подружжя,
ось він — конфлікт

з іншого боку ульріх правий
адже війна — це контактний вид спорту:
ти підступаєш до іншого надто близько
так близько, що відчуваєш запах його поту
чуєш його дихання
і навіть потім,

conversations about war but not only

1

what you have there is a contact zone, says ulrich
the lenses of his eyeglasses flashing
his smile intelligent

behind the window the city is helplessly inundated with snow
it's the beast from the east, say the meteorologists
and we believe them
for how can you not believe in a beast, especially one from the east

i say, no-no, what we have is a war
that is I use some other, methodologically more correct term,
but what i really mean is war,
the one with many names
the most frightening of them being the polite ones

for example, a conflict
a conflict in the east
where something was left unresolved,
something did not get sorted
consensus was not reached,
the two parties found themselves incompatible
like an old married couple,
there you go: a conflict

on the other hand, ulrich is right
war is a contact sport:
you step too close to the other
so close that you can smell their sweat
can hear them breathing

коли воно переривається
і ти опускаєш зброю
ця близькість не полишає тебе
мусиш змивати її з себе під душем
довго-довго
старанно терти

а може йдеться про контакти —
як із позаземними цивілізаціями
адже по той бік лінії фронту — інша галактика:
як ці чужинці, як ці тубільці, як ці прибульці
сміють вбивати і помирати — нічим не згірше за нас
як сміють бути настільки людьми і нелюдами водночас
теж майже як ми
як сміють бути такими як ми
як сміють

я не певна чи це те що мав на увазі ульріх

and even afterwards
when it stops
and you drop your weapon
this closeness remains with you
you have to wash it off in the shower
for a long long time
scrubbing vigorously

or perhaps what we have is a contact—
like that with extraterrestrial civilizations
because the other side of the front line is like another galaxy
how dare these outsiders, these primitives, these aliens
kill and die—just as well as we do
how dare they be so human and inhumane, all at once
almost like us, too
how dare they be like us
how dare they

i'm not sure if this is what ulrich was trying to say

2

саша не розмовляє з мамою через крим

навіть її веганство не зламало спину цього верблюда
(хочеш жити на гречі? — живи на гречі)

навіть навчання на філософському і читання
    французьких постструктуралістів
(хочеш читати дурниці? — читай дурниці)

навіть робота за стійкою в сумнівної репутації
    пітерському барі
(хочеш усе життя розливати пиво дегенератам? — розливай)

навіть лгбт -(лгб-що?)-активізм

навіть інтелігентний американець
який лихими чужоземними вітрами завіяв дитину
    з камєнного острова в бруклін
(хочеш заміж за америкоса? — іди, поки хтось бере)

але кримнашвашїхнійчий
яблуком розбрату ліг у широку пелену
строкатої маминої сукні
і тепер саша

їдучи додому після лекцій
на бруклінському мості
перевіряє повідомлення у вотсаппі

зітхає, закриває вотсапп
пише смс чоловікові

«купи донатів. люблю»

2

sasha doesn't speak to her mother over crimea
even sasha's veganism didn't break this camel's back
(wanna live on grains? go live on grains)

not even her philosophy major and her fondness of french
    post-structuralists
(wanna read nonsense? go read your nonsense)

not even her bartending in a shady st. petersburg joint
(wanna serve beer to degenerates your whole life? go serve it)

not even lgbt (lgb-what?) activism

even her smart-ass american
who with evil foreign winds blew this child away from
    kamennyi ostrov to brooklyn
(wanna marry a yankee? go do it while someone wants you)

but the oursyourstheirswhose crimea
dropped like an apple of discord
into the broad lap of her mother's multicoloured dress
and now sasha

heading home after her teaching
across the brooklyn bridge
checks her whatsapp messages

sighs, closes whatapps
writes a text to her husband

"buy donuts. love u"

3

молодий німецький політолог
трохи напідпитку
в контексті дискусії про націоналізм в україні
розповідає юлі
про жінку з придністров'я
яка надурила його на гроші

вони зустрілися в одесі
і там вона, ця придністровська сирена,
втерла німецькому політологові носа

спіймавши облизня, він зрозумів
що всі українські жінки хочуть заміж за іноземців
а саме за іноземців з європаспортом
а може й не заміж
а просто розвести на гроші
а може й не на гроші а просто
прагнуть випити їхню життєву силу
перетворити їх на сумирних свиней
і випасати в широких українських степах
а потім імовірно й пустити під ніж

стривай намагається вклинитись юля стривай
придністров'я ж не в україні
цю мапу
малювала не я
і до чого тут зрештою
твій прикрий придністровський досвід
до питання про український націоналізм
і до речі чому завжди, завжди український

але ж ми стрілися в одесі
мимрить він уперто хитаючи головою
ми стрілися в одесі

3

a young german political analyst
somewhat tipsy
while discussing nationalism in ukraine
tells yulia
about a woman from transnistria
who scammed him out of his money

they met in odesa
and it was there that this transnistrian siren
sneakily emptied the german's pockets

left empty-handed, he concluded
that all ukrainian women want to marry a foreigner
particularly a foreigner with an eu passport
or maybe not even marry
perhaps just take their money
or maybe not even the money
but simply drain out their life force
turn them into meek pigs
and graze them on the wide ukrainian steppes
possibly to be eventually butchered

hold on interjects yulia hold on
transnistria is not even in ukraine
i was not the one
who drew up this map
and honestly what does
your unfortunate transnistrian experience
have to do with ukrainian nationalism
and, by the way, why in the world always the ukrainian one?

oh but we met in odesa
he mumbles shaking his head stubbornly
we met in odesa

4

гузель перепрошує
їй незручно

що її країна
з нами воює

її країна
але не її народ

я хочу щоб ти знала
каже вона
ніяковіючи

що ми не знімаємо з себе відповідальності
що я не знімаю із себе відповідальності
що мені соромно

а я думаю
дивлячись на її рішуче виструнчену
стап'ятдесятисантиметрову постать

про те
яка вага лежить
на цих вбраних у квітчасте платтячко
майже дитячих
плечах

4

guzel says i'm sorry
she feels bad

about her country
being at war with us

her country
but not her people

i want you to know
she says
awkwardly

that we admit our responsibility
that i admit my responsibility
that i'm ashamed

meanwhile i'm looking
at her proud
150 centimeter tall frame
thinking

about the weight she carries
on her shoulders
small like a child's
clad in a flowered dress

5

і що робити, коли той ховає за пазухою сокиру, а той
   в кишені ножа
червоні квіти ненависті вкривають братські могили
так легко переступити межу, коли давно затерлась межа,
тому що нею багато ходили

ті хто вимахує прапором, вміють роз'яснювати ці речі
про друзів і ворогів, богоносний народ і собачу породу
війна — це велика теплиця, в якій вирощують порожнечу
на продаж

сніг своїми й чужими розмічено ретельно і полунично
всі війни починаються з братньої любові й закінчуються
   нічим
дівчатка й хлопчики з піднесеними обличчями
селфі-стіки перековують на мечі

кожен носить на лобі свій вер-а-ю-фром
вівці праворуч — «за», козлята ліворуч — «проти»
тим часом земля на смак абсолютно однакова обабіч
   лінії фронту
коли маєш її повен рот

поет — це гібридна істота, а поезія — складна категорія
що балансує між фактом і вигадкою, між словом і річчю
але немає потреби вигадувати історій, коли ось вона
   перед тобою — історія
дивиться тобі в обличчя

5

what can be done, when there is an ax in a pocket and a knife
    in a sleeve
red flowers of hatred grow all over the mass graves
it's so easy to cross the line, when the line has been nearly erased
by so many crossing feet

those who wave the flag, know how to explain these things
about friends and enemies, god's own people and the devil's spawn
war is a large greenhouse where they grow emptiness
for sale

both us and them neatly mark up the snow in strawberry colors
all wars start with brotherly love and end with nil
girls and boys with exalted faces
are busy making swords out of their selfie-sticks

there is a where-are-you-from on everyone's forehead
the sheep on the right are "for" and the goats on the left
    are "against"
but when you have a mouthful of dirt
on both sides of the front line it has the exact same taste

a poet is a hybrid creature, and poetry is a balancing act
between words and things, between facts and lies
but there is no need to make up some stories, when right
    in front of you is history
staring you straight in the eyes

глиняне серце

clay heart

corazón

1

носити свій corazón
на рукаві — як пов'язку
розпізнавальний знак

аби ті, хто вільно читає мовою
троянд і пташиних кліток
кинджалів і вирваних язиків
бачачи, здригалися: «ось, ось один із нас»

мати його оксамитове або шовкове
приємне на дотик, але не надто
аби нікому чужому не хотілося торкнутися
а тільки дивитися на відстані —
потай: з-поза книги чи з-попід крисів капелюха
ховаючи заздрість за осудливо стиснуті вуста

мати сором'язливу сліпу сусідку
яка співає попід кухонним вікном
коли думає, що її ніхто не чує
у якої маленькі вправні руки
верткі, як дві білі ящірки

просити аби щоранку
ними пов'язувала тобі
шовковий пасмуг на рукав
щебечучи безтурботно про те чи те

а потім раптом затиналася б
і відчайдушно паленіла
бозна-як відчувши
що ти зводиш на неї очі

corazón

1

to wear your *corazón*
on your sleeve — like an armband
an identification mark

so that those fluent in the language
of roses and birdcages
daggers and torn out tongues
would startle when seeing you: "look, look, one of us"

for it to be velvet or silk
soft to the touch, but not too soft
so that no stranger would want to paw it
instead just gazing at it from a distance —
secretly: from behind a book or from beneath the rim of a hat
hiding envy behind disapprovingly pursed lips

to have for a neighbor a shy blind girl
one that sings by the kitchen window
when she thinks no one can hear her
her small skillful hands
nimble like two white lizards

to ask her to tie with them
the silk band on your sleeve
every morning
chattering merrily about this or that

then to see her falter suddenly
and blush with embarrassment
sensing how intently
you are watching her

2

носити свій corazón
у сірниковій коробці
в нагрудній кишені сорочки
як носять жука-світляка
кольорове скельце
або ще який безцінний скарб

протягом дня забувати про нього
а потім згадавши —
гарячково намацувати: чи ж не загубилось?
відчувати полегшення
знайшовши пальцями квадратну твердість картону

розповісти про нього друзям
не так щоб навпрямки — а трохи туманно
натякаючи, та до кінця не кажучи
щоб їм аж сверблило нарешті побачити
твоє безцінне надбання

зібратися ввечері на майданчику за будинком
там де рипуча гойдалка стоїть
перехнябблена, як великий недужий птах
куди не ходять мами з візочками
відколи хтось знайшов у пісочниці шприца

обсісти карусель, тісно зсунувшися поближче
майже дотикаючися лобами
затамувавши подихи

трохи спітнілими руками дістати коробочку з кишені
і може

2

to carry your *corazón*
in a matchbox
in the breast pocket of your shirt
like a firefly
a colored glass
or some other priceless treasure

to forget about it during the day
and then to remember —
to go feverishly through pockets: did it get lost?
to feel relief
when fingers find the hard rectangle of cardboard

to tell friends about it
not directly — but with veiled hints
not revealing the details
so that they would itch to finally see it
your priceless acquisition

to gather in the evening in the playground behind
    the apartment block
by the squeaky swing
askew like a large lame bird
where mothers with strollers don't go
since someone found a syringe in the sandbox

to sit on the carousel, crowded together tightly
foreheads touching
breaths held

може навіть наважитися
відкрити

to reach for the box in your pocket with slightly sweaty hands
and maybe

maybe even dare
to open it

3

носити свій corazón
туго обмотаним навколо торсу
як бандаж
що не дає розійтися
краям страшної рани
не дає нутру твоєму — вийти назовні
розкрити великого чорного рота
і закричати

тепер коли танцюєш —
мусиш танцювати фламенко:
як тятиву, напинати болісно вистручену спину
підносити хижі благальні безсилі руки
високо над головою
а потім нескінченно стояти —
і нескінченно падати водночас
поки ноги твої під тобою
танцюють пекельну джигу

о, як би ти зараз розпався
розчахнувся, розсипався
на тисячу маленьких болів

як покотився б долі скляними чорними намистинами
хруснув би під гострим підбором

як розбризнувся б сотнею крапель
густої темної крові —
всотався б у дошки долівки

але ж танцюй, соколе, танцюй:
ці бинти
тримають тебе укупі

3

to wear your *corazón*
tightly wrapped around your torso
like a bandage
holding together
the edges of a terrible wound
keeping your gut from walking out
its large black mouth agape
with wailing

now when dancing —
you must dance a flamenco:
painfully stretching out your spine like a bow's string
raising your dangerous pleading powerless arms
high above your head
and then plunging into an endless suspension
and an endless fall
all the while your feet beneath you
keep dancing a hellish jig

o, how you would fall apart now
break, scatter
into a thousand small pains

how you would roll along the floor like black glass beads
crunching beneath a heel's spike

how you'd spatter with a hundred drops
of thick dark blood —
getting soaked in the floor boards

but dance, sugar, dance:
these bandages
hold you together

4

носити свій corazón
на шиї
на мотузочку
як заячу лапку
обрубану, жалюгідну, але цілком всемогутню

вірити в неї свято
як вірять лише у те, що не має жодної сили
поза нашою вірою
як-от любов чи смерть

ночами бачити
заячі сни:
невпинний біг крізь високі трави
совиний регіт в лункому надвечір'ї
страшні безголосі тіні межи зірок

тепло старого гнізда
м'яке хутро — і чийсь вологий ніс
гіркоту коріння й солодку пружність трави

вмирати щораз уві сні
заячою смертю: розпачливою й безболісною
скрикнувши голосно над нічними луками
скинувшися всім тілом об широкі груди землі

схопившися на ліжку
в холодному поті
покульгати до ванної

4

to wear your *corazón*
around your neck
on a cord
like a rabbit's foot
cut off, pathetic, but all-powerful

to have unshakeable faith in it
of the kind that can only be had in things
with no real foundation beyond our faith
like, for example, love or death

at night to dream
a rabbit's dreams:
endless running through the tall grass
an owl's laughter in the echoing twilight
frightening voiceless shadows among the stars

the warmth of an old nest
soft fur—and someone's wet nose
the bitterness of roots and the sweet springiness of grass

to die a rabbit's death each time
in your sleep: desperate and painless
a cry amid the night's meadows
a thump of the body against the wide breasts of earth

to jump up in bed
in a cold sweat
then limp to the bathroom

5

носити свій corazón
за пазухою — як флягу
повну гіркого вогню
нетривалої радості
й нетривалого ж забуття

відсьорбувати з неї час від часу
вогнем заливати пожежу, море в воді топити, рану
гоїти ножем

брати великі свіжі лимони
з товстою шкірою, що лускає
коли вони відчайдушно
стрибають із дерева на бетон
дезертири розбитої вщент
армії літа

катувати їх, розтинаючи навпіл
чи поступово — кільце за кривавим кільцем –
знімати з них шкіру
зрештою, закинувши на язика
кавалок їхньої плоті, сипнувши солі,

проковтнути —
і це убите літо
і цей рідкий вогонь пропалих у морі сонць
і тісноту, неуникненність чиїхось обіймів
і біль від ляпасів припливу
і пронизливу темінь, що завжди стоїть між поцілунків
і всі вчорашні, й усі завтрашні дні

5

to carry your *corazón*
tucked in your shirt like a flask
full of bitter fire
of fleeting joy
and equally brief oblivion

to sip from it from time to time
putting out fire with flames, drowning the sea in water,
healing
a wound with a knife

to take large fresh lemons
with thick skin that cracks
when they desperately
throw themselves onto asphalt
deserters of the resoundingly defeated
army of summer

to torture them, cutting them in half
or peeling their skin off
slowly, loop after bleeding loop
finally, to put a slice of their flesh sprinkled with salt
on your tongue

and to swallow it —
along with the dying summer
with the liquid fire of suns sunken into the sea,
someone's tight, inevitable embrace
the pain from the slaps of the tide
and the unyielding darkness always stretching between the kisses
with all days past and future

чути удари:
під полум'ям полудня
лимони лишають на асфальті
свої налиті соком тіла

listen to that thumping sound
amid the flaming afternoon
it's the lemons casting off on the asphalt
their bursting bodies

6

носити свій corazón
на плечі
як вченого ворона

мудрого —
такого, що говорить:
«так-так» або «ні-ні»
або «nevermore» — й оце вже не повторює двічі

годувати його щоранку — власною кров'ю
потроху, щоб не заслабнути самому
але достатньо, аби спрагнувши,
він не полишив тебе — не подався полювати
на легковажну безмозку мишву
в розкішних розбомблених соборах лісу
там, де тебе не чекають,
куди тобі — зась

йдучи із ним, відчувати на лівому плечі
його живу небезпечну вагу
похитуватися — так наче ви обоє
змагаєтеся проти шквального вітру
що — невидимий — з-проміж усього натовпу
вам, тільки вам, всією вагою своєю пада на груди

чути, як п'яний від бурі ворон сміється
і кігті його глибше вгрузають тобі в плече

«спитай мене щось» — шепоче він тобі на вухо
а коли ти розпачливо й заперечно мотаєш головою
повторює: «спитай — я вже знаю відповідь»
і чорним великим дзьобом
ніжно торкає тебе за скроню

6

to carry your *corazón*
on your shoulder
like a trained raven

a wise one —
the kind that talks:
saying "yes-yes" or "no-no"
or "nevermore" — that one never repeated twice

to feed it your own blood every morning
a little at a time, so that you don't wither away
but also enough so that your bird never gets thirsty
and leaves you to go hunting
careless brainless mice
in the luxurious bombed-out cathedrals of the forest
there, where they don't expect you
where you are not to set foot

when walking with it, to feel on your left shoulder
its dangerous living weight
to struggle together — as if both of you
were fighting against the gusting wind
that — among the crowd — pushed all of its invisible weight
against your chest only

to hear how the raven laughs drunk with the storm
while its claws sink deeper into your shoulder

"ask me something" — it whispers in your ear
and when you desperately shake your head refusing
it says again: "ask — i already know the answer"
and tenderly touches your temple
with its large black beak

7

носити свій corazón
глибоко під шкірою
як скабку
що засіла — і муляє, й пече

сперщу не зважати:
думати, що вийде саме
що саме загоїться, забудеться
затягнеться
хай йому грець
цур йому й пек
тут тобі й смерть
але ні, ні

біль живий, живучий, живучіший
за тих, кому болить
болі загортаємо в білі хустинки
ховаємо під подушки
передаємо насамкінець тремтячими руками
тим найріднішим, кому можна довірити:
нехай збережуть — нехай і собі
трохи помучаться

потому — скабку колупаєш голкою
намагаєшся упіймати в тілі
її чорного лихого хвоста
ловиш натомість облизня
скабка — ще глибше пірнає у плоть
як чорний вугор в чорноту ріки

їй добре там
вона лягає у тебе на дні
тепер вона
буде з тобою жити

7

to carry your *corazón*
deep underneath your skin
like a splinter
that's gone in—and stings and burns

to ignore it at first:
to think it will go away
that it will heal, be forgotten
will close up
may it rot
go to hell
bend and break
but no, no

the pain is alive, it lives, it's more alive
than those who are in pain
we wrap pain into white handkerchiefs
we hide it under our pillows
finally, with trembling hands we hand it over
to those dearest to us, those we can trust:
let them keep it safe—let them also
be a bit pained

afterwards—you try to fish the splinter out with a needle
you try to hook its evil black tail
nestled inside your body
but you fail
the splinter dives even deeper into your flesh
like a black eel into the blackness of the river

it likes it there
it lies coiled at the bottom
from now on
it will live with you

8

носити свій corazón
за халявою
як маленького — але гострого ножа

нікому не зізнаватися
що маєш такий
адже попросять показати адже
знатимуть, що ти, як бджола
ховаєш жало в пухнастому тремкому тілі
носиш всередині смерть свою —
і смерть чиюсь інакшу

знатимуть, що варто тебе остерігатися
що не слід сліпого дзумкотливого полудня
простягати тобі долоню — розгорнуту, як квітка
чутливу до твого лоскіткого дотика

знатимуть, що на язиці у тебе мед і отрута
що любиш дощенту впивати солодке нутро
а потому — легко здійматись, не лишивши і сліду
розчинятися в розжареній блакиті

розглядатимеш свого ножа
лише ночами:
коли в домі загашено світла
вікна запнуто квітчастою рядниною
а тіні від лампи танцюють на стінах, як химери

розглядатимеш його покрадьки
жаско торкаючи пальцями
сторожко проводячи по ньому язиком

8

to carry your *corazón*
tucked in your boot
like a small but sharp knife

not to tell anyone
that you have it
or else they would ask to see it
or else they would know, that you, like a bee
hide in a furry delicate body a stinger
that you carry inside your death:
yours, and someone else's

they would know that they need to be cautious of you
and shouldn't extend to you
a palm, open like a flower, sensitive to your ticklish touch
in the dazzling, buzz-filled afternoon

would know that there is honey and poison on your tongue
that you like to drink dry the sweetness inside
and then rise effortlessly, not leaving a trace
melting into the burning azure sky

you will marvel at your knife
only at night
when the lights are off in the house
the windows are covered with flowered linens
and shadows from the lamps dance on walls like monsters

you will examine it cautiously
finger it gingerly
carefully run your tongue over it

адже він — ніж
а отже — неодмінно
має
вжалити

because it is a knife
and so, most definitely
it must
kill

9

носити свій corazón
як дитину
небажану, але любу

гірку, як мале зерно всередині стиглого плода
солодку, як цілунок розбитими губами

носити в собі життя —
а отже носити й смерть
чути, як вона ворушиться ночами
коли ти спиш — і спить в тобі твоє дитя
а смерть — ні, вона ніколи не спить
вона як море: щораз приступає —
і повертається, завжди щось укра競

носити не відпускаючи
як втрату чи рану
як один кінець довгої дороги
що іншим кінцем втонула в темені
як шрам, що зостався на пам'ять
від того, по кому й слід прохолов,
а ти його ждеш, ждеш

носити плачучи й сміючись
як хлопчик, що згодовує себе
пригрітому за пазухою лисеняті
як земля, що п'ять за п'яддю
віддає ненаситному морю
себе
й геть усі свої кораблі

9

to carry your *corazón*
like a child
unwanted, but loved

bitter, like a small seed inside a ripe fruit
sweet, like a kiss from bleeding lips

to carry life within
and so also to carry death
to hear it shift in the dark
when you sleep — and your child sleeps
but death — no, it never sleeps
it's like the sea flowing in —
and then receding — always stealing something

to carry it holding on to it
like to a loss or a wound
like to one end of a long road
whose other end drowns in darkness
like to a scar left as a memento by someone
whose very traces have grown cold
but you still wait for them, you wait

to carry it laughing and crying
like a boy who is feeding himself
to a fox cub tucked under his shirt
like the earth that little by little gives off
all of itself
and all of its ships
to the insatiable sea

10

носити свій corazón
там де ти би його не зобачив
там де ти би його не вкрав
там де ти би, багдадський злодію,
не вихопив його з моїх довірливо простягнутих рук
о серце-серденько, о alma mía
аби продати згодом на базарі
за кількадесят червінців

замкнути його за сімома замками
проковтнути ключі
перекинутися горлицею, полетіти
за високі гори, за глибокі моря
— в одному такому морі
втопнути
втопнути в морі чорному
о серце-серденько, о alma mía
аби лиш ти не дошукавсь мене не знайшов

як станеш ти плакати за мною
о серце-серденько, о alma mía
як станеш ти, мій ріднесенький, побиватися за мною
припливу я до тебе малою рибиною
викинуся на берег

розчахни мені груди гострим ножем
бачиш як воно б'ється в твоїх руках
як воно вперто б'ється

mi corazón

10

to carry your *corazón*
where you can't glimpse it
where you won't steal it
where you, the thief of baghdad
won't snatch it from my trusting open hands
o my heart-dearest heart, *o alma mía*
to sell it at the market
for a few gold coins

to lock it with seven locks
to swallow the keys
to turn into a turtledove and go flying
over the highest mountains, over the deepest seas,
and in one of those seas
to drown
to drown in the black sea
o my heart-dearest heart, *o alma mía*
so that you won't spy me, won't find me

but should you start weeping for me
o my heart-dearest heart, *o alma mía*
should you start, darling mine, to bemoan me
I will make myself into a small fish and swim up to you
will cast myself upon the shore

cut open my chest with a sharp knife
look how it's beating in your hands
how it keeps stubbornly beating

mi corazón

мала новорічна елегія

1

вікна лікарні горять незмінним блакитним світлом
морозне повітря, густе як мертва вода
стоїть у заглибинах ночі
у місто ввійшов великий остаточний спокій
і калюжки світла навколо ліхтарів тремтять тремтять

так настає нова інакша доба
та в яку ми заледве вмочили ноги — і стали
ціле місто завмерло
вагаючись як рембрандтова сусанна
що заскочена нетутешнім світлом
розпачливою рукою притискаючи до себе зібганий одяг
входить у чорнило ріки

так починається глибша інакша ніч
стіни випростують сутулі втомлені спини
під рожевим вельветовим небом
сніг наливається малиновим соком туги

ідучи під деревами
беззахисними як великі сліпі птахи
ми перегортаємо кроками
ще живу шкіру дня
а те що під нею
хутко береться льодком

a small new year's elegy

1

the hospital windows are lit with an unwavering blue light
the frigid air, thick as dead water
rests in the crevasses of the night
a great final peace settles over the city
and puddles of light under the street lamps flicker flicker

a brand new era begins
in which we barely got our feet wet and halted
the whole city froze
hesitating like rembrandt's susanna
caught off guard by an otherworldly light
with a desperate hand she presses to herself her crumpled
clothes
and walks into the ink of the river

so a deeper different kind of night begins
the walls straighten their hunched tired backs
beneath the rosy velvet sky
the snow swells with the raspberry juice of sorrow

walking beneath
the trees as defenseless as large blind birds
we turn over with our footsteps
the remaining living skin of day
and whatever is beneath it
quickly ices over

2

рік байдужий до нас. цього дня
його велике м'ясисте серце
б'ється не швидше ніж зазвичай. це все ми
вигадали що він
як сувій полотна
має кінець і початок

тоді як корені й крона року збігаються
він триває як печальна пісня
співана кимсь одиноким
хто сидить на березі темної води
бачить як мовчки входять у воду і виходять світила
підібравши шарудкі спідниці
не соромлячись своїх білих колін

це я господи
думає хтось стоячи біля вікна
спостерігаючи за триванням ночі
за тріумфальною ходою снігу
за знесутненням міста

тіні від ліхтарів
чіпляються як діти
за їхні золоті рукави

вікна лікарні милосердно гаснуть
вага нічного вогню лягає нам на повіки
це я господи
думає хтось
а хто це — я?

2

the year doesn't care about us. today
its large meaty heart
doesn't beat any faster than usual. we
made it all up
the idea that it has a beginning and an ending
like a bolt of cloth

meanwhile the roots and crown of the year are one
it goes on like a sad song
sung by someone who sits alone
on the shore of dark water
sees how silently the heavenly bodies enter the water and emerge
holding the edges of their rustling skirts
not ashamed of their white knees

it's me god
someone thinks standing near the window
watching the night unfold
watching the triumphant parade of snow
the dissolution of the city

shadows from the streetlights
cling like children
to their golden sleeves

the hospital windows become mercifully dark
the weight of the night fire falls against our eyelids
it's me god
someone thinks
but who is me?

3

ось один бік ночі, латаний
перешитий із бабциної кофти
там де мав бути ґудзик місяця
пляма завбільшки з монету
відбиток його вологої щоки

на іншому ж боці
(бо є й інший бік)
густе собаче хутро пропахле камінням
розвезяна сажа іржа
подряпина з засохлою кров'ю
заштворене вікно

3

here is one side of the night, patched
sewn from pieces of grandma's shirt
where there should have been a moon-shaped button
there is a mark the size of a coin
the imprint of the moon's moist cheek

on the other side
(because there is another side)
a dog's thick fur that smells of stones
smeared soot rust
a scratch mark dotted with dried blood
a window with the curtains drawn

4

ніхто не виходить до нас із великого дому ночі
ніхто не виходить хоча ми й гукаємо
так що сиплеться крейда зі стелі так що лід тріскає
а нам уриваються жили
але ніхто не виходить до нас із великого дому ночі

його вікна горять незмінним світлом
проти нього наші обличчя малі й розгублені
як лиця дітей
що вийшли з лісу на безкрає порожнє поле

4

no one comes out of the night's big house
no one comes out even though we call
so loud that the paint falls from the ceiling so that ice cracks
and our veins burst
but no one comes out of the night's big house

its windows are lit with an unwavering light
against it our faces are small and lost
like the faces of children
that emerged from the forest into the endless empty field

5

. . . і коли ти не спиш
коли стоїш уже біля вікна, скажи скажи
що притягнув у місто
на своєму хвості великий сніг

що наповнить наші клуні й комори
що ляже нам у простягнуті руки
що торкне
печально й дбайливо
наші напіврозкриті вуста

5

—and when you don't sleep
when you stand at the window, tell me please tell
what was it that the big snow dragged into the city
on its tail

what will fill our barns and pantries
what will fall into our open arms
what will
sadly and carefully
touch
our parted lips

About the Author

IRYNA SHUVALOVA is a poet, translator and scholar from Kyiv, Ukraine. She has authored three poetry collections in Ukrainian—*Ran, Os* and *Az*—winning some of the country's top awards for poetry, including, in 2010, the first top prize in the Smoloskyp Poetry Contest awarded in ten years. Her fourth book of poems is forthcoming in 2020 with The Old Lion Publishing House in Lviv. Iryna's translations from Ukrainian and Russian appeared in *Modern Poetry in Translation* and *Words without Borders* among others, while her own poetry has been widely anthologized in Ukraine and translated into nine languages beyond. In 2009, she also co-edited the first anthology of queer writing in Ukrainian translation, *120 Pages of 'Sodom.'* In 2012, she was awarded the Joseph Brodsky / Stephen Spender Prize for poetry translation. Having previously earned her MA in Comparative Literature from Dartmouth College on a Fulbright scholarship, she is now a PhD student and a Gates Cambridge scholar at the University of Cambridge where she studies communities affected by the war in Donbas, Ukraine through the prism of war songs.

About the Translator

OLENA JENNINGS is the author of *Songs from an Apartment* (Underground Books, 2017) and *Memory Project* (Underground Books, 2018). Her translations of Ukrainian poetry—some in collaboration with Oksana Lutsyshyna—appeared in the anthology *Words for War* (Academic Studies Press, 2017), the anthology *White Chalk of Days* (Academic Studies Press, 2017), *Poetry International*, and *Wolf*. She is a recipient of a 2018 New Work Grant from the Queens Council of the Arts and curates the Poets of Queens reading series.